January 18, 1999

What do I consider my most important Contributions?

- That I early on—almost sixty years ago—realized that MANAGEMENT has become the constitutive organ and function of the <u>Society of Organizations</u> ;

- That MANAGEMENT is not "Business Management- though it first attained attention in business- but the governing organ of ALL institutions of Modern Society;

- That I established the study of MANAGEMENT as a DISCIPLINE in its own right; and

- That I focused this discipline on People and Power; on Values; Structure and Constitution; AND ABOVE ALL ON RESPONSIBILITIES- that is focused the <u>Discipline of Management</u> on Management as a truly LIBERAL ART.

Peter F. Drucker

我认为我最重要的贡献是什么？

- 早在60年前，我就认识到管理已经成为组织社会的基本器官和功能；
- 管理不仅是"企业管理"，而且是所有现代社会机构的管理器官，尽管管理一开始就将注意力放在企业上；
- 我创建了管理这门学科；
- 我围绕着人与权力、价值观、结构和方式来研究这一学科，尤其是围绕着责任。管理学科是把管理当作一门真正的综合艺术。

彼得·德鲁克
1999年1月18日

注：资料原件打印在德鲁克先生的私人信笺上，并有德鲁克先生亲笔签名，现藏于美国德鲁克档案馆。为纪念德鲁克先生，本书特收录这一珍贵资料。本资料由德鲁克管理学专家那国毅教授提供。

彼得·德鲁克和妻子多丽丝·德鲁克

德鲁克妻子多丽丝寄语中国读者

在此谨向广大的中国读者致以我诚挚的问候。本书深入介绍了德鲁克在管理领域方面的多种理念和见解。我相信他的管理思想得以在中国广泛应用,将有赖出版及持续的教育工作,令更多人受惠于他的馈赠。

盼望本书可以激发各位对构建一个令人憧憬的美好社会的希望,并推动大家在这一过程中积极发挥领导作用,他的在天之灵定会备感欣慰。

Doris Drucker

本页照片和多丽丝寄语原文与亲笔签名由彼得·德鲁克管理学院提供

下一个社会的管理

[美] 彼得·德鲁克 著
蔡文燕 译 那国毅 审订

Managing in the
Next Society

彼得·德鲁克全集

图书在版编目（CIP）数据

下一个社会的管理 /（美）彼得·德鲁克（Peter F. Drucker）著；蔡文燕译 . —北京：机械工业出版社，2018.7（2024.1 重印）

（彼得·德鲁克全集）

书名原文：Managing in the Next Society

ISBN 978-7-111-60511-9

I. 下… II. ①彼… ②蔡… III. 企业管理 IV. F272

中国版本图书馆 CIP 数据核字（2018）第 154286 号

北京市版权局著作权合同登记 图字：01-2006-1059 号。

Peter F. Drucker. Managing in the Next Society.

Copyright © 2002 by Peter F. Drucker.

Chinese (Simplified Characters only) Trade Paperback Copyright © 2019 by China Machine Press.

This edition arranged with The Peter F. Drucker Literary Trust (D) / Drucker 1996 Literary Works Trust through Big Apple Tuttle-Mori Agency, Inc. This edition is authorized for sale in the Chinese mainland (excluding Hong Kong SAR, Macao SAR and Taiwan).

No part of this book may be reproduced or transmitted in any form or by any means, electronic or mechanical, including photocopying, recording or any information storage and retrieval system, without permission, in writing, from the publisher.

All rights reserved.

本书中文简体字版由 The Peter F. Drucker Literary Trust (D) / Drucker 1996 Literary Works Trust 通过 Big Apple Tuttle-Mori Agency, Inc. 授权机械工业出版社在中国大陆地区（不包括香港、澳门特别行政区及台湾地区）独家出版发行。未经出版者书面许可，不得以任何方式抄袭、复制或节录本书中的任何部分。

本书两面插页所用资料由彼得·德鲁克管理学院和那国毅教授提供。封面中签名摘自德鲁克先生为彼得·德鲁克管理学院的题词。

下一个社会的管理

出版发行：机械工业出版社（北京市西城区百万庄大街 22 号 邮政编码：100037）	
责任编辑：孟宪勋	责任校对：殷 虹
印　　刷：固安县铭成印刷有限公司	版　　次：2024 年 1 月第 1 版第 4 次印刷
开　　本：170mm×230mm　1/16	印　　张：16
书　　号：ISBN 978-7-111-60511-9	定　　价：79.00 元

客服电话：（010）88361066　68326294

版权所有·侵权必究
封底无防伪标均为盗版

如果您喜欢彼得·德鲁克（Peter F. Drucker）或者他的书籍，那么请您尊重德鲁克。不要购买盗版图书，以及以德鲁克名义编纂的伪书。

目 录

推荐序一（邵明路）
推荐序二（赵曙明）
推荐序三（珍妮·达罗克）
译者序
前言

第一部分 | 信息社会

第1章 超越信息革命 / 3
第2章 互联网引爆的世界 / 19
第3章 从电脑普及到信息普及 / 32
第4章 电子商务是最重大的挑战 / 43
第5章 新经济还未出现 / 47
第6章 新千年的首席执行官 / 59

第二部分 | 商机

第7章 创业者与创新 / 71

第 8 章　他们是人，不是雇员 / 85

第 9 章　金融服务：不创新就灭亡 / 99

第 10 章　超越资本主义 / 112

第三部分 | **变化中的世界经济**

第 11 章　伟大机构的崛起 / 129

第 12 章　全球化经济与民族国家 / 134

第 13 章　社会优先 / 148

第 14 章　城市的文明进程 / 163

第四部分 | **下一个社会**

第 15 章　下一个社会 / 171

致谢 / 219

| 推荐序一 |

功能正常的社会和博雅管理

为"彼得·德鲁克全集"作序

享誉世界的"现代管理学之父"彼得·德鲁克先生自认为,虽然他因为创建了现代管理学而广为人知,但他其实是一名社会生态学者,他真正关心的是个人在社会环境中的生存状况,管理则是新出现的用来改善社会和人生的工具。他一生写了39本书,只有15本书是讲管理的,其他都是有关社群(社区)、社会和政体的,而其中写工商企业管理的只有两本书(《为成果而管理》和《创新与企业家精神》)。

德鲁克深知人性是不完美的,因此人所创造的一切事物,包括人设计的社会也不可能完美。他对社会的期待和理想并不高,那只是一个较少痛苦,还可以容忍的社会。不过,它还是要有基本的功能,为生活在其中的人提供可以正常生活和工作的条件。这些功能或条件,就好像一个生命体必须具备正常的生命特征,没有它们社会也就不成其为社会了。值得留意的是,社会并不等同于"国家",因为"国(政府)"和"家(家庭)"不可能提供一个社会全部必要的职能。在德鲁克眼里,功能正常的社会至少要由三大类机构组成:政府、企业和非营利机构,它们各自发挥不同性质的作用,每一类、每一个机构中都要有能解决问题、令机构创造出独特绩效的权力中心和决策机制,这个权力中心和决策机制同时也要让机构里的每个人各得其所,既有所担当、做出贡献,又得到生计和身份、地位。这些在过去的国家中从来没有过的权力中心和决策机制,或者说新的"政体",就是"管理"。在这里德鲁克把企业和非营利机构中的管理体制与政府的统治体制统称为"政体",是因为它们都掌握权力,但是,这是两种性质截然不同的权力。企业和非营利机构掌握的,是为了提供特定的产品和服务,而调配社会资源的权力,政府所拥有的,则是整个社会公平的维护、正义的裁夺和干预的权力。

在美国克莱蒙特大学附近,有一座小小的德鲁克纪念馆,走进这座用他的故居改成的纪念馆,正对客厅入口的显眼处有一段他的名言:

> 在一个由多元的组织所构成的社会中,使我们的各种组织机构负责任地、独立自治地、高绩效地运作,是自由和尊严的唯一保障。有绩效的、负责任的管理是对抗和替代极权专制的唯一选择。

当年纪念馆落成时,德鲁克研究所的同事们问自己,如果要从德鲁克的著作中找出一段精练的话,概括这位大师的毕生工作对我们这个世界的意义,会是什么?他们最终选用了这段话。

如果你了解德鲁克的生平,了解他的基本信念和价值观形成的过程,你一定会同意他们的选择。从他的第一本书《经济人的末日》到他独自完成的最后一本书《功能社会》之间，贯穿着一条抵制极权专制、捍卫个人自由和尊严的直线。这里极权的极是极端的极，不是集中的集，两个词一字之差，其含义却有着重大区别，因为人类历史上由来已久的中央集权统治直到 20 世纪才有条件变种成极权主义。极权主义所谋求的，是从肉体到精神，全面、彻底地操纵和控制人类的每一个成员，把他们改造成实现个别极权主义者梦想的人形机器。20 世纪给人类带来最大灾难和伤害的战争和运动，都是极权主义的"杰作"，德鲁克青年时代经历的希特勒纳粹主义正是其中之一。要了解德鲁克的经历怎样影响了他的信念和价值观，最好去读他的《旁观者》；要弄清什么是极权主义和为什么大众会拥护它，可以去读汉娜·阿伦特 1951 年出版的《极权主义的起源》。

好在历史的演变并不总是令人沮丧。工业革命以来，特别是从 1800 年开始，最近这 200 年生产力呈加速度提高，不但造就了物质的极大丰富，还带来了社会结构的深刻改变，这就是德鲁克早在 80 年前就敏锐地洞察和指出的，多元的、组织型的新社会的形成：新兴的企业和非营利机构填补了由来已久的"国（政府）"和"家（家庭）"之间的断层和空白，为现代国家提供了真正意义上的种种社会功能。在这个基础上，教育的普及和知识工作者的崛起，正在造就知识经济和知识社会，而信息科技成为这一切变化的加速器。要特别说明，"知识工作者"是德鲁克创造的一个称谓，泛指具备和应用专门知识从事生产工作，为社会创造出有用的产品和服务的人群，这包括企业家和在任何机构中的管理者、专业人士和技工，也包括社会上的独立执业人士，如会计师、律师、咨询师、培训师等。在

21世纪的今天，由于知识的应用领域一再被扩大，个人和个别机构不再是孤独无助的，他们因为掌握了某项知识，就拥有了选择的自由和影响他人的权力。知识工作者和由他们组成的知识型组织不再是传统的知识分子或组织，知识工作者最大的特点就是他们的独立自主，可以主动地整合资源、创造价值，促成经济、社会、文化甚至政治层面的改变，而传统的知识分子只能依附于当时的统治当局，在统治当局提供的平台上才能有所作为。这是一个划时代的、意义深远的变化，而且这个变化不仅发生在西方发达国家，也发生在发展中国家。

在一个由多元组织构成的社会中，拿政府、企业和非营利机构这三类组织相互比较，企业和非营利机构因为受到市场、公众和政府的制约，它们的管理者不可能像政府那样走上极权主义统治，这是它们在德鲁克看来，比政府更重要、更值得寄予希望的原因。尽管如此，它们仍然可能因为管理缺位或者管理失当，例如官僚专制，不能达到德鲁克期望的"负责任地、高绩效地运作"，从而为极权专制垄断社会资源让出空间、提供机会。在所有机构中，包括在互联网时代虚拟的工作社群中，知识工作者的崛起既为新的管理提供了基础和条件，也带来对传统的"胡萝卜加大棒"管理方式的挑战。德鲁克正是因应这样的现实，研究、创立和不断完善现代管理学的。

1999年1月18日，德鲁克接近90岁高龄，在回答"我最重要的贡献是什么"这个问题时，他写了下面这段话：

> 我着眼于人和权力、价值观、结构和规范去研究管理学，

而在所有这些之上，我聚焦于"责任"，那意味着我是把管理学当作一门真正的"博雅技艺"来看待的。

给管理学冠上"博雅技艺"的标识是德鲁克的首创，反映出他对管理的独特视角，这一点显然很重要，但是在他众多的著作中却没找到多少这方面的进一步解释。最完整的阐述是在他的《管理新现实》这本书第15章第五小节，这节的标题就是"管理是一种博雅技艺"：

> 30年前，英国科学家兼小说家斯诺（C. P. Snow）曾经提到当代社会的"两种文化"。可是，管理既不符合斯诺所说的"人文文化"，也不符合他所说的"科学文化"。管理所关心的是行动和应用，而成果正是对管理的考验，从这一点来看，管理算是一种科技。可是，管理也关心人、人的价值、人的成长与发展，就这一点而言，管理又算是人文学科。另外，管理对社会结构和社群（社区）的关注与影响，也使管理算得上是人文学科。事实上，每一个曾经长年与各种组织里的管理者相处的人（就像本书作者）都知道，管理深深触及一些精神层面关切的问题——像人性的善与恶。
>
> 管理因而成为传统上所说的"博雅技艺"（liberal art）——是"博雅"（liberal），因为它关切的是知识的根本、自我认知、智慧和领导力，也是"技艺"（art），因为管理就是实行和应用。管理者从各种人文科学和社会科学中——心理学和哲学、经济学和历史、伦理学，以及从自然科学中，汲取知识与见解，可

是，他们必须把这种知识集中在效能和成果上——治疗病人、教育学生、建造桥梁，以及设计和销售容易使用的软件程序等。

作为一个有多年实际管理经验，又几乎通读过德鲁克全部著作的人，我曾经反复琢磨过为什么德鲁克要说管理学其实是一门"博雅技艺"。我终于意识到这并不仅仅是一个标新立异的溢美之举，而是在为管理定性，它揭示了管理的本质，提出了所有管理者努力的正确方向。这至少包括了以下几重含义：

第一，管理最根本的问题，或者说管理的要害，就是管理者和每个知识工作者怎么看待与处理人和权力的关系。德鲁克是一位基督徒，他的宗教信仰和他的生活经验相互印证，对他的研究和写作产生了深刻的影响。在他看来，人是不应该有权力（power）的，只有造人的上帝或者说造物主才拥有权力，造物主永远高于人类。归根结底，人性是软弱的，经不起权力的引诱和考验。因此，人可以拥有的只是授权（authority），也就是人只是在某一阶段、某一事情上，因为所拥有的品德、知识和能力而被授权。不但任何个人是这样，整个人类也是这样。民主国家中"主权在民"，但是人民的权力也是一种授权，是造物主授予的，人在这种授权之下只是一个既有自由意志，又要承担责任的"工具"，他是造物主的工具而不能成为主宰，不能按自己的意图去操纵和控制自己的同类。认识到这一点，人才会谦卑而且有责任感，他们才会以造物主才能够掌握、人类只能被其感召和启示的公平正义，去时时检讨自己，也才会甘愿把自己置于外力强制的规范和约束之下。

第二，尽管人性是不完美的，但是人彼此平等，都有自己的价值，都有自己的创造能力，都有自己的功能，都应该被尊敬，而且应该被鼓励去创造。美国的独立宣言和宪法中所说的，人生而平等，每个人都有与生俱来、不证自明的权利（rights），正是从这一信念而来的，这也是德鲁克的管理学之所以可以有所作为的根本依据。管理者是否相信每个人都有善意和潜力？是否真的对所有人都平等看待？这些基本的或者说核心的价值观和信念，最终决定他们是否能和德鲁克的学说发生感应，是否真的能理解和实行它。

第三，在知识社会和知识型组织里，每一个工作者在某种程度上，都既是知识工作者，也是管理者，因为他可以凭借自己的专门知识对他人和组织产生权威性的影响——知识就是权力。但是权力必须和责任捆绑在一起。而一个管理者是否负起了责任，要以绩效和成果做检验。凭绩效和成果问责的权力是正当和合法的权力，也就是授权（authority），否则就成为德鲁克坚决反对的强权（might）。绩效和成果之所以重要，不但在经济和物质层面，而且在心理层面，都会对人们产生影响。管理者和领导者如果持续不能解决现实问题，大众在彻底失望之余，会转而选择去依赖和服从强权，同时甘愿交出自己的自由和尊严。这就是为什么德鲁克一再警告，如果管理失败，极权主义就会取而代之。

第四，除了让组织取得绩效和成果，管理者还有没有其他的责任？或者换一种说法，绩效和成果仅限于可量化的经济成果和财富吗？对一个工商企业来说，除了为客户提供价廉物美的产品和服务、为股东赚取合理的利润，能否同时成为一个良好的、负责任的"社会公民"，能否同时帮助自己的员工在品格和能力两方面都得到提升呢？这似乎是一个太过苛刻的要求，但它是一个合理的要求。我个人在十多年前，和一家这样要求自己的后勤服务业的跨国公司合作，通过实践认识到这是可能的。这意味着我们必须学会把伦理道德的诉求和经济目标，设计进同一个工作流程、同一套衡量系统，直至每一种方法、工具和模式中去。值得欣慰的是，今天有越来越多的机构开始严肃地对待这个问题，在各自的领域做出肯定的回答。

第五，"作为一门博雅技艺的管理"或称"博雅管理"，这个讨人喜爱的中文翻译有一点儿问题，从翻译的"信、达、雅"这三项专业要求来看，雅则雅矣，信有不足。liberal art 直译过来应该是"自由的技艺"，但最早的繁体字中文版译成了"博雅艺术"，这可能是想要借助它在中国语文中的褒义，我个人还是觉得"自由的技艺"更贴近英文原意。liberal 本身就是自由。art 可以译成艺术，但管理是要应用的，是要产生绩效和成果的，所以它首先应该是一门"技能"。另一方面，管理的对象是人们的工作，和人打交道一定会面对人性的善恶，人的千变万化的意念——感性的和理性的，从这个角度看，管理又是一门涉及主观判断的"艺术"。所以 art 其实更适合解读为"技艺"。liberal——自由，art——技艺，把两者合起来就是"自由技艺"。

最后我想说的是，我之所以对 liberal art 的翻译这么咬文嚼字，是因为管理学并不像人们普遍认为的那样，是一个人或者一个机构的成功学。它不是旨在让一家企业赚钱，在生产效率方面达到最优，也不是旨在让一家非营利机构赢得道德上的美誉。它旨在让我们每个人都生存在其中的人类社会和人类社群（社区）更健康，使人们较少受到伤害和痛苦。让每个工作者，按照他与生俱来的善意和潜能，自由地选择他自己愿意在这个社会或社区中所承担的责任；自由地发挥才智去创造出对别人有用的价值，从而履行这样的责任；并且在这样一个创造性工作的过程中，成长为更好和更有能力的人。这就是德鲁克先生定义和期待的，管理作为一门"自由技艺"，或者叫"博雅管理"，它的真正的含义。

邵明路

彼得·德鲁克管理学院创办人

| 推荐序二 |

跨越时空的管理思想

20多年来,机械工业出版社关于德鲁克先生著作的出版计划在国内学术界和实践界引起了极大的反响,每本书一经出版便会占据畅销书排行榜,广受读者喜爱。我非常荣幸,一开始就全程参与了这套丛书的翻译、出版和推广活动。尽管这套丛书已经面世多年,然而每次去新华书店或是路过机场的书店,总能看见这套书静静地立于书架之上,长盛不衰。在当今这样一个强调产品迭代、崇尚标新立异、出版物良莠难分的时代,试问还有哪本书能做到这样呢?

如今,管理学研究者们试图总结和探讨中国经济与中国企业成功的奥秘,结论众说纷纭、莫衷一是。我想,企业成功的原因肯定是多种多样的。中国人讲求天时、地利、人和,缺一不可,其中一定少不了德鲁克先生著作的启发、点拨和教化。从中国老一代企业家(如张瑞敏、任正非),及新一代的优秀职业经理人(如方洪波)的演讲中,我们常常可以听到来自先生的真知灼见。在当代管理学术研究中，我们也可以常常看出先生的思想指引和学术影响。我常常对学生说，当你不能找到好的研究灵感时，可以去翻翻先生的著作；当你对企业实践困惑不解时，也可以把先生的著作放在床头。简言之，要想了解现代管理理论和实践，首先要从研读德鲁克先生的著作开始。基于这个原因，1991年我从美国学成回国后，在南京大学商学院图书馆的一角专门开辟了德鲁克著作之窗，并一手创办了德鲁克论坛。至今，我已在南京大学商学院举办了100多期德鲁克论坛。在这一点上，我们也要感谢机械工业出版社为德鲁克先生著作的翻译、出版和推广付出的辛勤努力。

在与企业家的日常交流中，当发现他们存在各种困惑的时候，我常常推荐企业家阅读德鲁克先生的著作。这是因为，秉持奥地利学派的一贯传统，德鲁克先生总是将企业家和创新作为著作的中心思想之一。他坚持认为："优秀的企业家和企业家精神是一个国家最为重要的资源。"在企业发展过程中，企业家总是面临着效率和创新、制度和个性化、利润和社会责任、授权和控制、自我和他人等不同的矛盾与冲突。企业家总是在各种矛盾与冲突中成长和发展。现代工商管理教育不但需要传授建立现代管理制度的基本原理和准则，同时也要培养一大批具有优秀管理技能的职业经理人。一个有效的组织既离不开良好的制度保证，同时也离不开有效的管理者，两者缺一不可。这是因为，一方面，企业家需要通过对管理原则、责任和实践进行研究，探索如何建立一个有效的管理机制和制度，而衡量一个管理制度是否有效的标准就在于该制度能否将管理者个人特征的影响降到最低限度；另一方面，一个再高明的制度，如果没有具有职业道德的员工和管理者的遵守，制度也会很容易土崩瓦解。换言之，一个再高效的组织，如果缺乏有效的管理者和员工，组织的效率也不可能得到实现。虽然德鲁克先生的大部分著作是有关企业管理的，但是我们可以看到自由、成长、创新、多样化、多元化的思想在其著作中是一以贯之的。正如德鲁克在《旁观者》一书的序言中所阐述的，"未来是'有机体'的时代，由任务、目的、策略、社会的和外在的环境所主导"。很多人喜欢德鲁克提出的概念，但是德鲁克却说，"人比任何概念都有趣多了"。德鲁克本人虽然只是管理的旁观者，但是他对企业家工作的理解、对管理本质的洞察、对人性复杂性的观察，鞭辟入里、入木三分，这也许就是企业家喜爱他的著作的原因吧！

德鲁克先生从研究营利组织开始，如《公司的概念》（1946年），到研究非营利组织，如《非营利组织的管理》（1990年），再到后来研究社会组织，如《功能社会》（2002年）。虽然德鲁克先生的大部分著作出版于20世纪六七十年代，然而其影响力却是历久弥新的。在他的著作中，读者很容易找到许多最新的管理思想的源头，同时也不难获悉许多在其他管理著作中无法找到的"真知灼见"，从组织的使命、组织的目标以及工商企业与服务机构的异同，到组织绩效、富有效率的员工、员工成就、员工福利和知识工作者，再到组织的社会影响与社会责任、企业与政府的关系、管理者的工作、管理工作的设计与内涵、管理人员的开发、目标管理与自我控制、中层管理者和知识型组织、有效决策、管理沟通、管理控制、面向未来的管理、组织的架构与设计、企业的合理规模、多角化经营、多国公司、企业成长和创新型组织等。

30多年前在美国读书期间，我就开始阅读先生的著作，学习先生的思想，并聆听先生的课堂教学。回国以后，我一直把他的著作放在案头。尔后，每隔一段时间，每每碰到新问题，就重新温故。令人惊奇的是，随着阅历的增长、知识的丰富，每次重温的时候，竟然会生出许多不同以往的想法和体会。仿佛这是一座挖不尽的宝藏，让人久久回味，有幸得以伴随终生。一本著作一旦诞生，就独立于作者、独立于时代而专属于每个读者，不同地理区域、不同文化背景、不同时代的人都能够从中得到启发、得到教育。这样的书是永恒的、跨越时空的。我想，德鲁克先生的著作就是如此。

特此作序，与大家共勉！

南京大学人文社会科学资深教授、商学院名誉院长

博士生导师

2018年10月于南京大学商学院安中大楼

| 推荐序三 |

彼得·德鲁克与伊藤雅俊管理学院是因循彼得·德鲁克和伊藤雅俊命名的。德鲁克生前担任玛丽·兰金·克拉克社会科学与管理学教席教授长达三十余载,而伊藤雅俊则受到日本商业人士和企业家的高度评价。

彼得·德鲁克被称为"现代管理学之父",他的作品涵盖了39本著作和无数篇文章。在德鲁克学院,我们将他的著述加以浓缩,称之为"德鲁克学说",以撷取德鲁克著述在五个关键方面的精华。

我们用以下框架来呈现德鲁克著述的现实意义,并呈现他的管理理论对当今社会的深远影响。

这五个关键方面主要体现在以下方面:

(1)**对功能社会重要性的信念**。一个功能社会需要各种可持续性的组织贯穿于所有部门,这些组织皆由品行端正和有责任感的经理人来运营,他们很在意自己为社会带来的影响以及所做的贡献。德鲁克有两本书堪称他在功能社会研究领域的奠基之作。第一本书是《经济人的末日》(1939年),"审视了法西斯主义的精神和社会根源"。然后,在接下来出版的《工业人的未来》(1942年)一书中,德鲁克阐述了自己对第二次世界大战后社会的展望。后来,因为对健康组织对功能社会的重要作用兴趣盎然,他的主要关注点转到了商业。

(2)**对人的关注**。德鲁克笃信管理是一门博雅艺术,即建立一种情境,使博雅艺术在其中得以践行。这种哲学的宗旨是:管理是一项人的活动。德鲁克笃信人的潜质和能力,而且认为卓有成效的管理者是通过人来做成事情的,因为工作会给人带来社会地位和归属感。德鲁克提醒经理人,他们的职责可不只是给大家发一份薪水那么简单。

对于如何看待客户,德鲁克也采取"以人为本"的思想。他有一句话人人知晓,即客户决定了你的生意是什么、这门生意出品什么以及这门生意日后能否繁荣,因为客户只会为他们认为有价值的东西买单。理解客户的现实以及客户崇尚的价值是"市场营销的全部所在"。

(3)**对绩效的关注**。经理人有责任使一个组织健康运营并且持续下去。考量经理人的凭据是成果,因此他们要为那些成果负责。德鲁克同样认为,成果负责制要渗透到组织的每一个层面,务求淋漓尽致。

制衡的问题在德鲁克有关绩效的论述中也有所反映。他深谙若想提高人的生产力,就必须让工作给他们带来社会地位和意义。同样,德鲁克还论述了在延续性和变化二者间保持平衡的必要性,他强调面向未来并且看到"一个已经发生的未来"是经理人无法回避的职责。经理人必须能够探寻复杂、模糊的问题,预测并迎接变化乃至更新所带来的挑战,要能看到事情目前的样貌以及可能呈现的样貌。

(4)**对自我管理的关注**。一个有责任心的工作者应该能驱动他自己，能设立较高的绩效标准，并且能控制、衡量并指导自己的绩效。但是首先，卓有成效的管理者必须能自如地掌控他们自己的想法、情绪和行动。换言之，内在意愿在先，外在成效在后。

（5）**基于实践的、跨学科的、终身的学习观念**。德鲁克崇尚终身学习，因为他相信经理人必须要与变化保持同步。但德鲁克曾经也有一句名言："不要告诉我你跟我有过一次精彩的会面，告诉我你下周一打算有哪些不同。"这句话的意思正如我们理解的，我们必须关注"周一早上的不同"。

这些就是"德鲁克学说"的五个支柱。如果你放眼当今各个商业领域，就会发现这五个支柱恰好代表了五个关键方面，它们始终贯穿交织在许多公司使命宣言传达的讯息中。我们有谁没听说过高管宣称要回馈他们的社区，要欣然采纳以人为本的管理方法和跨界协同呢？

彼得·德鲁克的远见卓识在于他将管理视为一门博雅艺术。他的理论鼓励经理人去应用"博雅艺术的智慧和操守课程来解答日常在工作、学校和社会中遇到的问题"。也就是说，经理人的目光要穿越学科边界来解决这世上最棘手的一些问题，并且坚持不懈地问自己："你下周一打算有哪些不同？"

彼得·德鲁克的影响不限于管理实践，还有管理教育。在德鲁克学院，我们用"德鲁克学说"的五个支柱来指导课程大纲设计，也就是说，我们按照从如何进行自我管理到组织如何介入社会这个次序来给学生开设课程。

德鲁克学院一直十分重视自己的毕业生在管理实践中发挥的作用。其实，我们的使命宣言就是：

通过培养改变世界的全球领导者，来提升世界各地的管理实践。

有意思的是，世界各地的管理教育机构也很重视它们的学生在实践中的表现。事实上，这已经成为国际精英商学院协会（AACSB）认证的主要标志之一。国际精英商学院协会"始终致力于增进商界、学者、机构以及学生之间的交融，从而使商业教育能够与商业实践的需求步调一致"。

最后我想谈谈德鲁克和管理教育，我的观点来自 2001 年 11 月 *BizEd* 杂志第 1 期对彼得·德鲁克所做的一次访谈，这本杂志由商学院协会出版，受众是商学院。在访谈中，德鲁克被问道：在诸多事项中，有哪三门课最重要，是当今商学院应该教给明日之管理者的？

德鲁克答道：

第一课，他们必须学会对自己负责。太多的人仍在指望人事部门来照顾他们，他们不知道自己的优势，不知道自己的归属何在，他们对自己毫不负责。

第二课也是最重要的，要向上看，而不是向下看。焦点仍然放在对下属的管理上，但应开始关注如何成为一名管理者。管理你的上司比管理下属更重要。所以你要问："我应该为组织贡献什么？"

最后一课是必须修习基本的素养。是的，你想让会计做好会计的事，但你也想让她了解组织的其他功能何在。这就是我说的组织的基本素养。这类素养不是学一些相关课程就行了，而是与实践经验有关。

凭我一己之见,德鲁克在2001年给出的这则忠告,放在今日仍然适用。卓有成效的管理者需要修习自我管理,需要向上管理,也需要了解一个组织的功能如何与整个组织契合。

彼得·德鲁克对管理实践的影响深刻而巨大。他涉猎广泛,他的一些早期著述,如《管理的实践》(1954年)、《卓有成效的管理者》(1966年)以及《创新与企业家精神》(1985年),都是我时不时会翻阅研读的书籍,每当我作为一个商界领导者被诸多问题困扰时,我都会从这些书中寻求答案。

珍妮·达罗克

彼得·德鲁克与伊藤雅俊管理学院院长

亨利·黄市场营销和创新教授

美国加州克莱蒙特市

| 译者序 |

寻找一个崭新的社会

首先感谢机械工业出版社给我这个机会,让我来翻译彼得·德鲁克后期最重要的著作——《下一个社会的管理》(*Managing in the Next Society*)。

大家风范的作者晚期所写的著作,通常都是先期著作的深刻化,只有读到后期著作,人们对他的过去才会有豁然的开悟。在德鲁克先期的主要作品中,我们了解更多的是作为现代管理学宗师的彼得·德鲁克,他独特的管理概念和发明,包括"目标管理""知识工作者的管理""客户导向的营销""分权"等都已经成为当代管理思想的重要内容。而在这部著作中,我看到了这些管理思想的本源,那就是德鲁克一生对于寻找一个崭新社会的努力和尝试。

德鲁克对于管理的研究主要始于他对社区和社会的研究。

德鲁克对社区、社会和政体的兴趣与关注起源很早,可追溯到1927年。1927年,他在家乡维也纳上完高中后,到德国汉堡一家出口贸易公司工作，同时进入当地一所大学的法学院就读。在汉堡的十五六个月，是他一生在学习上受益最深的时期。在这段时间内，他博览群书，十几个月下来，他读了好几百本书，其中两本书彻底改变了他的人生，一是埃德蒙·伯克于1790年完成的《法国革命之反思》（*Reflections on the French Revolution*）；二是斐迪南·腾尼斯于1887年写就的德文社会学经典著作《社区与社会》。

自第一次世界大战及俄国革命以来，德国和整个欧洲大陆都处于革命时期。德鲁克后来这样写道："伯克要告诉我们的是，在这样的时代，政治和政治家的第一要务是在延续和变动间找到平衡。这样的精神，随即成为我的政治观、世界观和日后所有著作的中心思想。"

腾尼斯的著作对德鲁克同样影响甚巨。虽然腾尼斯想借其著作来挽救前工业时代的乡村社会和社区，使处于动荡变革中的人类找到出路和归属感，但是年轻的德鲁克知道这样的"有机"社会已成为明日黄花，无法再现了。尽管如此，腾尼斯仍给了德鲁克一个永难忘怀的启发：**人需要社区，也需要社会——个体从社区中获得地位和归属感，在社会中发挥功能。**

1939年，德鲁克出版了他的第一本书《经济人的末日》（*The End of Economic Man: The Origins of Totalitarianism*），这本书解释了极权主义崛起，源于西方社会普遍的价值、信仰和制度的全面崩溃，是"旧秩序崩溃之后新秩序尚未建立所导致的赤裸裸的绝望之情"。德鲁克在该书中得出这样一个结论：任何形式的极权主义都终将失败。但是，这个结论却引发了他的进一步思索：未来，什么能够取代腾尼斯的"有机"农业社会？在动荡的工业时代，如何为人类寻找新的存在的价值和归属感，而不致让人类重蹈法西斯独裁统治的覆辙呢？德鲁克对此提出的建议是："如今的当务之急，是创造过去从未有过的都市社区。我们需要一个有别于传统的社区，它不仅具有自由和自发的特性，也要让城市里的每一个人有机会创造成就，做出贡献，而且跟社区息息相关。"

在明确了任务之后，建设社区的工作由谁来做呢？通过50年的政府"社会计划"吗？历史告诉我们，通过政府满足城市社会对社区的需求完全是一种幻想。

企业也无法满足这种需求。德鲁克曾在1943年出版的《工业人的未来》⊖一书里热切期待，大企业可以重新创造一个社区，在这样的"社区内，通过其特殊机制的运作，让它变成一个可以重组社会任务的地方"。但是，这一模式并没有成功。因为在美国，公司是一个经济组织，而股东权益的最大化成为这种经济组织存在的基本假设。追逐短期的市场回报，成了美国公司许多CEO的首要任务。这也是他们拿高额薪酬的原因所在。

德鲁克把他的期待转向了日本，因为在日本，"社会才是优先考虑的因素，其次才是经济"。他提出的"自治工厂社区"概念只在日本实施过。虽然实施过，但现已证实，即使是在日本，这种社区也不是解决之道。首先，没有一家企业能真正提供保障——日本人的终生雇用制很快被证明是一种危险的幻觉。在日本，大雇主确实日益想要成为能让员工依赖的"社区"。公司提供的员工宿舍、健康计划、度假计划等，都向员工强调雇主正继承往日的村庄和家庭，成为人们向往的社区。但是，日本最终也因为世界经济的压力而被迫放弃了这一政策。在这样一个充

⊖ 本书已由机械工业出版社出版。

满竞争的世界经济中，社会保障已经成为人们再也消受不起的东西。

经历了日本的"自治工厂社区"希望的破灭，我们可以发现德鲁克对政府、大企业以及劳动的期望值降低了。但是实际上，作为我们商业文明的道德学家，作为一个终其一生都在关注一个转变的社会形态中个人、组织与社会如何相互协调的"社会生态学家"，德鲁克始终没有抛弃自己的社会理想。他对市场资本主义及其理论合理性的批评仍然来源于此："如果一个社会的基础是要把私人邪恶欲望变成公共利益的话，那么它就不能存在下去，不管其逻辑如何无可挑剔，或者其好处有多大。"

德鲁克将自己的社会理想转向了"一个独立的、全新的社会部门"，只有社会部门，也就是非政府、非营利的机构，可以创造我们现在需要的市民社区，尤其是为受过高等教育、逐渐成为发达国家社会中坚力量的知识工作者创造这样的社区。原因之一就是，社会部门机构的目标在于改变人类，"可以满足我们这种庞大的需求，因为这些需求包罗万象，从教会到专业协会、从照顾流浪者到健康俱乐部等各色需求"。第二个同等重要的目标就是：创造公民的义务与责任，满足市民成为有用公民的需求，"只有社会部门能够提供这种机会，让人们担任志愿者，从而让个人拥有一个自己可以驾驭，同时可以奉献和改善的天地"。

德鲁克不但是一位学者，还是一位积极的社会实践者。他不仅通过著书立说来告诫他人，而且通过身体力行来改变这个世界。德鲁克为非营利组织提供免费咨询，他支持创立了"德鲁克基金会"，将《非营利组织的管理》⊖一书的稿费（25万美元）捐给了"德鲁克基金会"，还设

⊖ 本书已由机械工业出版社出版。

立了"创新奖"。1995年的"创新奖"颁发给一个环保组织,该组织的使命是防止对雨林的乱砍滥伐。这个环保组织找出了一种拯救雨林的方法,同时提高了香蕉种植园主的产量和收益,采用新种植方法收获的香蕉都贴上该组织的标识,以表明是环保产品。贴有该组织标识的香蕉在北美市场极为畅销,这又吸引了更多的南美农民,按照该组织的种植方法来种植香蕉。这一项目拯救了南美洲成千上万公顷的雨林。"这是一个简单的创意,但要得到预期的结果需要大量复杂艰苦的工作。"

在《旁观者:管理大师德鲁克回忆录》[一]的新版作者序言中,德鲁克对自己的总结,给我们开启了了解这位大师对自己心目中的理想社会如此关注的深层原因:"从我写第一本书开始(大约是50年前)至今,我所写的一切无不强调人的多变、多元以及独特之处。我写的每一本书、每一篇文章,不管是触及政治、哲学还是历史,有关社会秩序或社会组织,论述管理、科技或经济等层面,都以多元化、多样化为宗旨。在强势政府或大企业高声疾呼'中央控制'的重要时,我则一再地说要分权、多做实验,并得多开创社区组织;在政府和企业成为唯一和整个社会相抗衡的机构时,我则认为'第三部门',也就是非营利、以公益为主的组织特别重要——在这儿,才能孕育独立和多元的特质,护卫人类社会的价值,并培养社群领导力和公民精神……未来是'有机体'的时代。"

德鲁克的一生都在通过不同的方式,不断尝试着建立他心目中理想社会的各种方式:从为社会提供整体解决方案,到将自我管理和责任感付诸社会的每一个组织和每一个个体,无一不体现出大师的这种苦心。其实,如果我们每一个人、每一个组织甚至国家真真正正按照大师

㊀ 本书已由机械工业出版社出版。

的话来做，即考虑人类的"共同利益"，将自己视为"公民"而非"臣民"，德鲁克心目中的美好社会离我们也许并不遥远——这个社会，"能够同时提供经济增长和稳定……能够维持自由和平等，但要付出一项代价，即市场的分裂、分散和分离……在这样一个社会中，我们不多考虑如何变得更好，而是考虑如何不要变得太差"。德鲁克的要求没有那么高，他不是非要建设一个完美的社会，只要一个"尚好的社会"就可以了。

蔡文燕

| 前 言 |

我曾经对新经济深信不疑。1929年我还在欧洲一家公司的总部当实习生,该公司是一家在华尔街上市的大公司。我的老板是该公司的欧洲经济学家,他坚信华尔街的牛市会永远持续下去。他还写了一本绝妙好书,书名叫《投资》,希望借此证明,买美国普通股将是万无一失的快速致富法宝。那时我还不到20岁,是公司最年轻的实习生,被上司指派当他的研究助理兼做他那本书的校对以及索引编纂工作。书在纽约股市崩盘前两天出版,随即消失得无影无踪,几天后,我的工作也惨遭同样的命运。

因此70年后,到了20世纪90年代中期,新经济和股市热潮永无止息的说法铺天盖地,对此我已经习以为常了。当然,90年代用的词和20年代不同。当时我们谈论的是"永久繁荣",不是"新经济",但是,不同的只是用词而已,其他一切,诸如论点、逻辑、预言、修辞等,几乎都是相同的。

在大家畅谈新经济时,我开始察觉社会正在变化,而且随着时间的推移，变化越来越多。不但发达国家出现了根本改变，新兴发展中国家的变化甚至更为剧烈。信息革命只是其中一个因素，甚至可能还不是最强有力的因素。人口因素与信息革命至少同样重要，尤其是发达国家和新兴发展中国家出生率的稳定下降，造成年轻人口数量、比例和家庭组合速度更快速地萎缩。相比之下，信息革命只是一个多世纪发展趋势的巅峰之作，而年轻人口萎缩却是一个空前彻底逆转的形势。另一个彻底逆转的现象，就是曾经带来财富与就业机会的制造业，正在不断地衰微。在发达国家中，制造业已退居经济的边缘，而矛盾的是，制造业在政治上却变得越来越有影响力。除此之外，劳动力的裂变也是空前的。

这些变化，加之信息革命对社会带来的冲击，就是本书的主题。这些变化已经出现，下一个社会已经到来，这是不可逆转的。

本书有若干章节涉及了传统的"管理"问题，有些章节则没有，但没有任何一章是在探讨所谓的"万灵丹"。本书不像20世纪八九十年代出版的众多管理畅销书那样，有号称百发百中的工具和技巧。可是本书的确是为管理者写的，也的确是跟管理有关的，因为本书所有章节强调的论点就是，在未来的10～15年，甚至可能在更长的时间内，管理者的主要工作将是应对这些造就下一个社会的重大变化。这些变化将成为每一个组织生存的重大威胁和机会，不论这个组织是大是小，是企业还是非营利组织，是南北美洲、欧洲、亚洲还是澳大利亚的组织，都是如此。本书的每一章节都在强调，社会变化对于组织和管理者的成败而言，可能比经济事件还要重要。

20世纪50～90年代的半个世纪过去了，自由世界里的企业和管理者，一直把社会视为理所当然。在他们眼里，经济和科技上会有快速和重大的变化，但社会则是既定的。当然，经济和科技一定会继续变化，本书结论的部分，也就是第四部分中，谈到下一个社会中的一些主要新科技还没有出现，而且，其中大部分的新科技恐怕与信息毫不相干，或者关系疏远（见第15章中"未来之路"一节）。如果管理者希望利用这些变化，并将之转变成企业的机会，就必须了解下一个社会的实际情况，并立足于这些情况为组织制定政策与战略，不论这个组织是大是小，是企业还是非营利组织，都是如此。

本书的目的就是要帮助管理者完成上述任务，帮助他们在下一个社会中成功地进行管理。

本书所有章节都是在2001年9月美国遭受恐怖主义袭击之前写成的。除了第8章和第15章以外，所有的章节都在2001年9月之前刊载过（每一章最后会注明刊登的年份），作者并未更新文章的内容，除了一小部分略微删节，并更正拼写错误之外（也有少数几章把文章的题目恢复成原来的题目），每一章都保留了原貌。说得更具体一点，这就表示1999年首次刊出的文章所说的"三年前"，指的就是1996年，至于"三年后"，则指2002年。这样也能让读者判断，作者的预期或预测是否实现了，还是被后来的事实所否定。

2001年9月的恐怖主义袭击，使本书变得与管理者更为贴近，而且时机更加适宜。恐怖分子以及美国对恐怖分子的反应已经深刻改变了世界的政治。在未来很多年里，我们显然要面对世界的混乱，尤其是中东局势的混乱。在这个不得不面临动荡局势和快速变化的时期，你不可能仅靠聪明就能成功管理。管理一个机构，不管是企业、大学还是医院，都必须以可预测的基本趋势作为基础，这些趋势不会受到报纸头条的影响，它会一直持续下去，而我们必须将这些趋势当成机会来运用。这些基本趋势就是下一个社会的出现，以及随之而来的一些完全没有过的新特征：尤其是全球年轻人口数量的萎缩，以及新劳动力的出现；曾经带来财富和就业机会的制造业持续衰退；企业及高级管理层的形式、结构与功能的改变，等等。在这个充斥着不确定和意外的年代里，即使根据这些基本趋势来制定策略与政策，都不能代表必然的成功，但是，不这么做，就注定要失败。

彼得·德鲁克
2002年复活节于加利福尼亚州克莱蒙特

1

第一部分

信息社会

MANAGING IN THE
NEXT SOCIETY

第1章
超越信息革命

第2章
互联网引爆的世界

第3章
从电脑普及到信息普及

第4章
电子商务是最重大的挑战

第5章
新经济还未出现

第6章
新千年的首席执行官

第 1 章 | CHAPTER 1

超越信息革命

信息革命的影响才刚刚开始显露出端倪，而推动这种影响的并不是"信息"本身，不是"人工智能"，也不是电脑和数据处理，而是 10～15 年以前人们未能预见到或谈论过的"电子商务"。互联网的崛起，使得互联网成为全球产品和服务的主要流通渠道，甚至还成为管理与其他专业人才的流通渠道。也许互联网最终会成为全球最主要的流通渠道。这种变化将对经济、市场及产业结构，产品、服务及物流和随之而来的对消费市场的细分、消费者行为及价值，以及就业和劳动力市场产生深远的影响。不仅如此，这种变化对社会与政治所产生的影响会更大，更重要的是，它将完全改变我们对自己以及对整个世界的看法。

与此同时，未知的新兴行业将方兴未艾，生物科技产业以及养殖渔业就是现成最好的例子。今后 50 年，养殖渔业可能会使人类放弃海上捕捞，成为"海洋畜牧"者。就像大约 1 万年前，相似的创新，使我们的祖先放弃陆上捕猎，变成了农民和牧民。

其他新科技也将会突现，催生重要的新兴产业。虽然我们根本无法预测到具体会有哪些新兴产业，但我们可以确定，这些新兴产业将会很快出现。我们还可以确定的是，这些新兴产业，很少会从电脑和信息科技中衍生出来，它们会像生物科技和养殖渔业那样，源于自己特有而未知的科技。

当然，这些仅仅是预测，而我们的假设是：信息革命的发展，会经历像500年前，也就是自1455年古登堡印刷术革命以来的几次技术革命一样的历程，特别会像18世纪末和19世纪初的工业革命那样。事实上，信息革命最初50年的发展历程正是如此。

铁　　路

信息革命现在的情况，就像19世纪20年代初的工业革命时期。当时，距1785年瓦特改良蒸汽机首次用于棉纺织生产大约已过了40年（世界上第一台蒸汽机是在1776年发明的）。蒸汽机是第一次工业革命的火种，更重要的是，它是工业革命的象征，其地位正如电脑在信息革命中的地位。今天，几乎人人都认为，经济发展史上没有比信息革命来得更迅猛、影响更巨大的革命了。但大家似乎都忘了，工业革命发展的迅猛程度和影响程度丝毫不亚于信息革命。工业革命在很短的时间里，把绝大多数的制造程序机械化，并开始生产18世纪和19世纪初叶最重要的工业日用品——棉纺织品。摩尔定律认为：信息革命的基本要素——芯片的价格每隔18个月，会下跌50%。第一次工业革命中的机械化产品也是如此，18世纪开始后的50年中，棉纺织品价格下跌了90%，而与此同时，光是英国，棉纺织品的产量就至少增加了150倍。除了棉纺织品外，第一次工业革命几乎把其他所有主要产品，如纸张、玻璃、皮革和砖块的生产完全机械化了。除了消费产品以外，第一次工业革命同样提升了钢铁及铁制品生产的机械化程度和产量,并降低了成本和价格。到拿破仑战争结束时,整个欧洲枪炮的生产也改用蒸汽驱动,速度比以前快了10～20倍,成本下降了2/3以上,与此同时,惠特尼将美国毛瑟枪的生产机械化,并创办了第一家批量生产毛瑟枪的工厂。

这四五十年也是工厂和"工人阶级"骤增的时期,但在19世纪20年代中期,工厂和工人的数量,即使在英国,也是少之又少的,根本没有什么统计意义。然而他们已经开始主宰人心(很快也开始主宰政治)。亚历山大·汉密尔顿早在其1791年的《制造业报告》中,就预言美国会成为一个工业化国家,而那时美国还没有工厂。10年后的1803年,法国经济学家萨伊认为,工业革命创造了"企业家",改变了整个经济。

工业革命对社会的影响远远超过了对工厂和工人阶级的影响,正如历史学家保罗·约翰逊在1997年出版的《美国人的历史》一书中指出的,正是以蒸汽机为动力的棉纺织工业的迅猛发展导致了奴隶制度在美国的再度复兴。这种曾被美国开国先贤断言早已灭绝的奴隶制度,居然随着榨棉机的改良卷土重来,而且声势高涨,形成了对低成本劳力的庞大需求,使得蓄奴成为美国那几十年内获利最高的行业。

工业革命对家庭也有重大冲击。长期以来,家庭一直是作为生产单位存在的。在过去的田间或工匠作坊里,丈夫、妻子和子女都是一起工作的。而工厂,这个历史上首次出现的东西,却把工人和工作搬出了家庭,移进了工作场所。人们开始把家人丢在家里,不管他们是成年劳工的配偶,还是早期童工的父母都是如此。

的确,家庭危机并非始于第二次世界大战之后,它从工业革命就开始了。事实上,这是反对工业革命和工厂制度的人的老套忧虑(在所有描绘工作和家庭之间不断出现裂痕的书籍中，最优秀的著作当数狄更斯在1854年出版的小说《艰难时世》(*Hard Times*))。

虽然有这么多影响，工业革命最初的50年，也只是把原有东西的生产全部机械化，让产量大大增加，成本大大降低，创造出消费者和消费产品，但产品本身是工业革命前就有的，和过去相比，新工厂制造的产品只有一个区别，即产品比较均衡统一，除了不如早年优秀工匠的作品之外，新产品的缺陷比任何人工产品的缺陷都要少。

最初这50年里，只有一个例外，那就是蒸汽轮船。1807年罗伯特·富尔顿制造出第一艘蒸汽轮船之后的三四十年间，轮船都没有产生什么重大的影响。几乎到19世纪结束，海洋运输多半还是靠帆船，而不是轮船。

接着，到了1829年，铁路出现了，并史无前例地改变了我们的经济、社会和政治生活。

回想起来，我们很难想象为什么铁路的发明要花上这么长时间。其实，在铁路发明之前，我们早在矿井中使用了运煤窑车。照理，人们应该可以很容易想到在窑车前加装蒸汽机，这样车就不再需要人推或马拉。然而，铁路的发明并非源于矿井的窑车，而是在一个相当独立的环境下发明出来的，而且其最初的目的不是要载货，相反，在很长的一段时间里，铁路被认为仅仅是载人的工具。30年后，美国的铁路才成为运送货物的工具（事实上，直到19世纪七八十年代，英国工程师受聘为刚西化的日本铺设铁路时，还只是设计用来载人的，因此直到今天，日本的铁路仍然不适于载货）。在第一条铁路真正开始运营之前，很多事情的发生都是始料未及的。

最初的 5 年之中，西方掀起了有史以来最大的热潮——铺设铁路，这股热潮在欧洲持续了 30 年之久，其间还夹杂着经济史上最惊人的衰退，直到 19 世纪 50 年代末期为止，这时，大部分今天现有的铁路线都已完成。在美国，铁路热潮又延续了 30 年。至于其他地区，例如阿根廷、巴西、俄罗斯的亚洲部分和中国，这股热潮则一直延续到第一次世界大战。

铁路是工业革命中至关重要的革命因素，因为铁路不仅创造了新经济区域，也迅速改变了我所说的"心智地理"（mental geography），人类有史以来第一次真正拥有移动能力，第一次拓宽了一个平凡人的眼界。当时的人们立刻意识到人类心智出现的根本性转变。（女作家乔治·艾略特在 1871 年出版的小说《米德尔马契》（Middlemarch）里的描绘，堪称是描述工业革命转型最好的著作，书中深刻记录了这种状况。）正如伟大的法国历史学家费尔南德·布罗代尔在他最后一本巨著《法兰西的特性》（The Identity of France，1986 年出版）中指出的，正是铁路使法国变成一个民族统一、文化统一的国家。在那之前，法国只是由众多自给自足的区域组合而成的，仅靠政治维系在一起。至于铁路在创造美国西部中所担负的角色，在美国历史中已是一种常识。

程 序 化

从 20 世纪 40 年代中期第一台电脑问世至今，信息革命就像两个世纪以前的工业革命那样，仅仅改变了业已存在的作业方法。事实上，信息革命真正的影响根本不是以"信息"的形式表现出来的，大家在 40

年前预测的信息对现今社会所造成的影响几乎没有发生过。例如，企业或政府进行重大决策的方式几乎没有任何改变。但是，信息革命确实改变了无数传统的作业方法。

钢琴调音软件把传统要花3个小时调音的方法变成只要花25分钟。薪水发放、库存管理、交货进度以及所有其他企业作业的例行程序，都有软件可以使用。画一幢大型建筑，例如监狱或医院的内部设施图，以前大约需要25个技术高超的绘图人员花50天的时间才能完成，而现在有了电脑程序，1个绘图人员只需几天的时间就能做好这份工作，而成本只有过去的一小部分。还有帮助大家报税、教导住院医师如何取出胆囊的软件。今天在线从事股票交易的人，所作所为跟20世纪20年代的股票交易人毫无二致，只是当时的人需要每天在股票交易所耗费多时，而现在已逐步程序化了，节省了大量的时间及成本。

信息革命对人们心理的冲击跟工业革命一样巨大，其中对儿童学习方式的冲击可能是最大的。今天的小孩从4岁开始，甚至更小的时候，就开始学习电脑，很快，他们就超过了比他们大的人，电脑是当今儿童的玩具和学习工具。50年后的今天，我们很可能会断言，在20世纪的最后几年中，根本不存在什么"美国教育危机"，只是20世纪学校的教育方式和20世纪末期的儿童学习方式之间，有一个日渐分明的鸿沟。就像在16世纪的大学里也发生过同样的事情，当时印刷机和活字印刷已经发明了100年。

至于在工作方式方面，信息革命到现在为止，只是把原有的事情程序化了，唯一的例外就是光盘驱动器，它大约是20年前发明的，准备用全新的手段，呈现歌剧、大学课程以及文字作品。光盘驱动器也像蒸汽轮船一样没能有所作为。

电子商务的意义

电子商务在信息革命中的地位，就像铁路在工业革命中的地位一样，是史无前例的全新发展。而且电子商务像170年前的铁路一样，创造了新的热潮，迅速改变着当今的经济、社会和政治。

举例而言，美国中西部工业区有一家中型企业，是在20世纪20年代创立的，现在由创办者的孙子经营，该公司主要销售廉价餐具，供应给方圆100英里⊖内的快餐店、学校、写字楼餐厅和医院，曾占据市场份额的60%左右。瓷器餐具很重，又容易破碎，因此廉价的瓷器餐具一向都在很小的范围内销售。后来，这家公司几乎在一夜之间，丧失了一半以上的市场，因为它的一个客户——某家医院餐厅，有个人上网浏览时，发现一家欧洲制造商提供的产品品质显然比较好，价格比较低，而且用低价空运。几个月之内，该地区的主要顾客就全都投向这家欧洲厂商，似乎很少有人知道，也不在乎这些瓷器是从欧洲运来的。

在铁路创造的心智地理中，人类掌控了距离；而在电子商务创造的心智地理中，距离已经消失，只有一个经济体、一个市场。

这种情况说明，每家企业都必须具有全球竞争力，即使企业只在本地或地方市场中制造或销售产品，因为竞争不再是地区性竞争了。事实上，如今的竞争已经没有了疆界，每家公司的经营都必须转变成跨国经营方式。而传统的跨国企业很可能会过时，因为这些传统跨国企业在一

⊖ 1英里＝1609.344米。

些不同地区进行生产和分销活动时，它实际上已经成为一家地方性公司。而在电子商务中，既没有地方性公司，也没有地域区隔。在哪里制造和销售，以及如何销售，将依旧是企业的重要决定，但再过20年，这些地域区隔的差异可能不再决定企业要做些什么、如何做以及在哪里做。

同时，我们仍不清楚，究竟电子商务能提供哪一类型的产品和服务，哪些产品和服务不适合采用电子商务。当新的流通渠道出现的时候，我们通常会做这样的分析。例如，为什么铁路改变了西方国家的心智和经济视野，但是对世界贸易和人员运输具有同样影响力的轮船却没有做到呢？为什么没有掀起所谓的"轮船热潮"？

同样，我们也不清楚，流通渠道最新的变化会对我们有什么影响。例如，从一家当地的杂货店变成超市，又从一家单一的超市变成连锁超市，再从连锁超市变成沃尔玛或其他折扣连锁超市等，我们要知道这一系列变化所带来的影响是什么。显而易见的是，向电子商务转变同样是一条可能的出路，但结果也难以预测。

举几个例子。25年前很多人相信几十年以后，我们可以通过电脑浏览自己想看的书籍，还可以将其下载并打印出来看，这就是光盘驱动器的最初想法。于是，许多报纸和杂志，纷纷建立在线报刊，这种现象不仅仅在美国，在其他国家也是如此。不过迄今为止，这种在线报纸能盈利的还是少之又少。不过，若是有人在20年前预测在线购书的前途，一定会被别人笑掉大牙，但亚马逊和巴诺网上书店（B&N）却正在从事这样的业务，并将之推广到世界各地。我最新的一本书《21世纪的管理挑战》㊀在1999年出版，美国版的第一张订单就来自亚马逊，订购者是一

㊀ 本书已由机械工业出版社出版。

位来自阿根廷的读者。

再举一个例子，10年前，一家世界级汽车公司针对当时刚刚出现的互联网做了一次详细彻底的调查，研究互联网对汽车销售的影响。该公司断言，互联网将会成为二手车的主要流通渠道，而新车则不会通过这种网络渠道销售，因为顾客仍希望看到、摸到车子，还要试车。然而事实上，至少到现在为止，大部分的二手车不是通过互联网销售的，而是在二手车商行进行交易的。而新车呢？除了豪华车之外，高达一半的新车却是通过互联网交易的，顾客在网上选好车子，经销商仅负责把汽车送到顾客家。这一点对本地汽车经销商的未来，对这个20世纪获利最高的行业来说又意味着什么？

再举一个例子，1998年和1999年美国股市狂热的时候，网上交易的人数与日俱增，而现在利用网上交易的人数却在渐渐下降。在美国，最主要的投资手段是共同基金，几年前，几乎一半的共同基金采用了网上交易，估计明年这个数字会降到35%，2005年则会降到20%，这一点和10～15年前"所有人预测的"结果正好相反。

美国电子商务成长最快的领域，是迄今为止没有任何"商务"含义的领域，也就是管理与其他专业人才的流通领域。现在几乎有一半世界大型企业是通过网站征求人才的。而大约有250万个管理者和专业人才（其中有2/3的人并不是工程师或电脑专业人才）把自己的履历表放在互联网上，并接受网上提供的就业机会，于是，网络创造了一个全新的劳力市场。

这又是电子商务的另一个重要影响。新的流通渠道改变了我们从前对顾客的定义：不仅改变了顾客的购买方式，也改变了顾客购买的东西，除此之外，还改变了顾客的行为、储蓄形态以及产业结构。简单地说，就是改变了整个经济。这种情形不仅在美国，也在其他工业国家及新兴市场出现，包括中国。

路德教、马基雅维利和鲑鱼

铁路引发的热潮延续了近100年，它使得工业革命变成既定事实。而19世纪八九十年代的蒸汽机技术催生了汽涡轮机，20世纪二三十年代又诞生了最后一批备受火车迷喜爱的大型蒸汽火车头。然而，这时候，蒸汽机技术以及制造业本身都不再是世界经济的核心所在了，世界经济完全转入了一个全新的领域，没有一种产业跟蒸汽或蒸汽机有关，这种现象几乎在铁路发明之后立即出现。最先出现的是19世纪30年代的电报和摄影术，紧跟着出现了光学和农业设备，全新的化肥工业是在19世纪30年代末期诞生的，并在很短的时间内改变了当时的农业。公共卫生逐渐成为核心的新兴行业，配合着检疫、疫苗接种、纯净饮用水的供应和下水道设施的完善，终于将城市变成了比农村更适合人居住的地方。与此同时，第一批麻醉药剂也出现了。

随之而来的是新的社会机构：现代邮政服务、日报、投资银行和商业银行，这些还只是其中的一小部分。它们没有一种与蒸汽机或整个工业革命的其他科技有多少相关性，但这些新兴产业和机构却在1850年以前成为发达国家经济的主宰。

再往前说，这一点很像印刷革命后的情形，印刷是使人类进入现代文明的第一次科技革命。古登堡经过多年的研究，在1455年完善了印刷机和活字印刷。之后的50年，印刷革命横扫欧洲，彻底改变了欧洲的经济和人们的心智。不过，在头50年里出版的书籍，也就是所谓的"古版本"的内容和僧侣千百年来孜孜不倦、用手抄写的"手抄本"内容相同，都是些宗教书册和幸存下来的古代作品。这50年里，一共出版了大约7000种书籍，35 000种版本，其中至少6700种是传统书目。换句话说，发明印刷术之后的50年里，传统的信息和交流更加便利，成本也逐步低廉了。然后，大约在古登堡发明印刷术之后第60个年头，出现了路德教的德文圣经，成千上万的圣经以难以置信的低价立刻销售一空，它开启了一个新社会，也开启了新教运动。新教运动遍及了半个欧洲，并在随后的20年里，迫使天主教会自行改革。路德运用新的印刷技术，重振宗教，并使它成为个人生活乃至社会的中心，这一做法引发了半个世纪的宗教改革、宗教动乱和宗教战争。

几乎就在路德利用印刷术公开宣扬振兴基督教的同时，马基雅维利写成并在1513年出版了他的《君主论》。这是西方1000多年来第一本没有圣经语录，也没有古代作家引言的西方书籍。《君主论》立刻成为16世纪的"另类畅销书"，也成为当时最臭名昭著，同时也最具影响力的书籍。然后，在很短的时间内，就出现了众多纯粹世俗的、不受宗教约束的作品，包括我们今天称为文学的小说以及科学、历史、政治类书籍。不久，经济类书籍也出现了。之后没过多久，第一种纯粹世俗的艺术形式出现了，那就是现代剧在英国的兴起。全新的社会制度也出现了，包括耶稣会、西班牙步兵团以及现代海军，最后则出现了主权国家。从以上的印刷革命的历史来看，这和300年后的工业革命，以及今天信息革命的发展历程都是一模一样的。

未来将会有什么新产业和新体系出现，没人能预知，就像16世纪20年代的人没能预见到世俗文学的出现，更不用说世俗戏剧了；同样，19世纪20年代的人也无法预料到电报、公共卫生或摄影术的出现。

我想再次强调，有一件事情即使不能肯定，也可以说极有可能发生：那就是未来20年间，会出现很多新兴产业，而且几乎可以肯定的是，只有很少的新兴产业会源于信息科技、电脑、数据处理或互联网。历史已经指出了这一点，新兴产业已迅速出现，前面提过的生物科技以及养殖渔业即是一例。

25年前，鲑鱼还是一道难得的佳肴，当时的传统正餐仅有鸡肉和牛肉两种选择。今天，鲑鱼已经成为我们日常的消费品，只是我们传统菜单中的另一种选择。现在大部分的鲑鱼并不是从海里或河里捕捞的，而是在养殖场里喂养的。鳟鱼也是同样情形。显然，很多其他鱼类很快也会如此。例如，对我们来说，比目鱼在海鲜中的位置，就像猪肉在肉类中的位置一样重要，现在比目鱼也已经开始投入大规模生产了。毫无疑问，这会导致新鱼种的培育，就像羊、牛和鸡驯养后，促成新品种的出现一样。

可能有10多种其他科技的发展水平已经达到生物科技25年前的状况，也就是说，它们将促成新兴产业的出现。

还有一种新的服务将要诞生，那就是对抗外汇风险的保险，现在每家企业都是全球经济的一部分，它们对这种保险的需求，就像早期工业革命中需要对抗自然风险，例如火灾和水灾的保险一样迫切，传统的保险就是那时诞生的，现在外汇避险所需的一切知识都已完备，只是缺乏体制而已。

未来二三十年内，科技的变化可能比电脑出现后数十年的变化还要大，而且产业结构、经济领域，甚至整个社会形势都会出现更重大的变化。

绅士与科技人才

铁路发明后出现的新兴产业，在科技层面而言，跟蒸汽机或工业革命没有什么关联性，新兴产业不是蒸汽机的"骨肉"，而是蒸汽机"精神上的后代"，新兴产业之所以能出现，完全是因为工业革命所带来的人们心智的转变，这是一种接受，甚至热切接纳新发明和创新的一种精神和心态。

工业革命也造就了容纳新兴产业的社会价值观，最重要的是，工业革命造就了"科技人才"。

美国第一位重要的科技人才惠特尼，虽然在1793年发明了榨棉机，但他本人在很长时间里都没能得到社会的认可，也没得到相应的财富，而榨棉机和蒸汽机一样都是工业革命最具象征意义的产物。过了二三十年以后，自学成才的美国科技人员才成为美国的民族英雄，受到普遍尊敬，并得到了他们应有的财富和回报。发明电报的塞缪尔·莫尔斯应该是最先的例子，而托马斯·爱迪生则成为著名人物。在欧洲，商人长久以来都属于社会较低阶层，但是到了1830年或1840年，受过大学教育的工程师已经变成备受尊敬的"专业人士"。

到了19世纪50年代，英国逐渐丧失其经济优势，地位逐渐被其他国家所替代：首先是美国，然后是德国。但是普遍认为，其衰退的根本原因不在于经济或科技层面，而是社会因素。在经济上，尤其是金融面，英国在第一次世界大战前，一直维持强权地位；至于科技方面，英国也在整个19世纪保持领先：现代化学工业的第一种产品——合成染料就是在英国发明的，汽涡轮机也是如此。然而，英国社会并不接受科技人才。在英国，科技人才从来没能变成"绅士"，英国在印度创办了第一流的工程学校，但在英国本土几乎没有创立一所这类学校。虽然没有一个国家能像英国那样尊重"科学家"，整个19世纪，英国人在物理学方面都保持领先地位，从詹姆斯·克拉克·麦克斯韦、迈克尔·法拉第到欧内斯特·卢瑟福都是英国人，但科技人才在英国一直被视为"生意人"（例如狄更斯在1853年的小说《荒凉山庄》（*Bleak House*）中，就用极其轻蔑的口吻描绘了一个钢铁大亨）。

英国也没有培育出风险投资的环境。风险投资人愿意投资一些意想不到以及未经证实的领域。风险投资是法国人的发明，19世纪40年代，巴尔扎克在他不朽的巨著《人间喜剧》（*La Comédie humaine*）中就描绘了这群人。J. P. 摩根则把风险投资体制引进了美国，同时商业银行也把这种体制引进了德国和日本。英国人虽然发明并发展了商业银行的功能来融通贸易，却一直没有行业融资的体制，直到第二次世界大战前，两位德国难民沃伯格和格伦费尔德来到伦敦，创立了企业银行。

贿赂知识工作者

如何防止美国成为21世纪的英国呢？我相信社会心态是最需要转变的。就像铁路发明后，人们的心态必须转变，认同"生意人"到"科技专才"或"工程师"的转变，承认他们在工业经济中领袖的地位。

我们所说的信息革命,其实是知识革命,计算机是这次革命的导火索。以几个世纪的经验为基础所研发的软件,通过对知识的应用,特别是通过系统逻辑分析,重新整合传统的工作。这里,计算机并不是关键,重要的是认知科学。这意味着若要在未来的经济和科技中保持领导地位,社会就必须承认并接受知识专业人才的价值,如果继续把他们当成传统的"员工",就会像英国把科技专才当成生意人那样,那么相似的结果也会产生。

而今,我们正处在一个骑虎难下的尴尬局面中——既要继续维持传统的心态,把资金当成主要的资源,把投资人视为老板;同时又要贿赂知识工作者,给他们奖金和认股权,使他们有满足感,继续做我们的员工。但这种做法即使有效,也只对股市繁荣时的新兴产业奏效,就像互联网公司一直在做的那样。未来的主要产业会更像传统产业,成长缓慢而艰辛。

工业革命初期的棉纺、钢铁、铁路都是当时的热门产业,造就了许多暴发户和百万富翁。就像巴尔扎克小说里的风险投资家和狄更斯小说里的钢铁大亨,会使一个地位极其卑微的仆人几年之内成为一位"产业领袖"。1830年以后出现的新兴产业也造就了许多百万富翁,但他们却要付出20年的辛苦、奋斗、失望、失败以及克勤克俭的生活。今后将要出现的新兴产业可能也会如此,生物科技产业的发展历程已经显现出这一点。

因此,贿赂这些知识工作者的手段根本行不通,因为这些产业中所依靠的关键人才,一定希望在经济上分享他们努力的成果,但经济上的成果即便成熟,大概也要花上很长的时间。在这种情况下,很可能在10

年左右的时间里，以（短期内的）"股东价值"作为经营企业的首要目标和使命（即使不是唯一的目标和使命）会引起相反的效果。这些以知识为基础的新兴行业经营得好坏，慢慢要取决于这些行业如何吸引、维持和激励知识工作者。如果满足知识工作者的经济手段不再奏效的话，就必须靠满足他们的价值观来达成目的：给予他们社会的承认，把他们从下属变成管理者，从员工变成合伙人，而不仅仅是提供给这个员工丰厚的待遇。

[1999]

第 2 章 | CHAPTER 2

互联网引爆的世界

这篇专访由《红鲱鱼》(*Red Herring*)杂志特约撰稿人马克·威廉斯负责,地点是德鲁克在加州克莱蒙特的办公室。本文是德鲁克根据采访人的初稿,亲自编辑并加以修改而成的,刊登于 2001 年 1 月 30 日的《红鲱鱼》杂志。

您曾说过,给知识工作者认股权,等于是用货币贿赂他们,但货币在股市泡沫消退之后,价值就会减少。您认为这种方法是行不通的。

5 年前,我告诉一些朋友和客户,我们在给知识工作者认股权方面有很多经验,特别是像我这样活了这么大岁数的人,见得多了。经济上的激励机制并不能防止员工离职,相反会促使他们离职,因为一旦他们拿到这种奖金或认股权,短期的经济利益就变成他们唯一的动力。

越常使用这种方法的企业,员工的流失率就越高。IBM 的员工流失率曾经一度居世界之首!但现在已经不再是这样了。我还遇到了微软的离职员工,数目也多得惊人。进一步说,曾经离职率最高的两家公司——宝洁和 IBM,其离职员工都喜爱过去曾经服务的公司,但是微软的离职员工却痛恨微软，因为他们觉得微软只给他们一样东西，那就是钞票，其他什么都没有。他们痛恨所有的风光都归于公司最上层，归于那个顶尖的人，而员工却没能得到认可，而且他们觉得公司的价值取向完全是以金钱为导向的。员工认为自己是专业人士——或许不是科学家，但却是应用科学家。因此他们的价值取向是不同的。

我最近跟一家高科技公司讨论，过去50年来，我看着这家公司从非常小的企业变成了一家大公司——年营业额达100亿美元的大公司。我在那里只停留了一天，但在我去之前，高级经理人已经开了两星期的会，讨论焦点是如何留住知识员工。虽然他们的公司不在硅谷，可是员工流失率已经高得吓人。在我们这次会面之前，他们已照我的建议，寻找已经离职的高级研究人员和技术人员，询问他们离开的理由，得到的答案是，"每次无论我找你们当中的哪一位，你们所谈论的话题只有一个，就是股价""我在中国跟3位我们公司的大客户在一起待了差不多6个星期的时间，回国后，我去找国际技术服务部门的主管，我在那儿坐了1小时，想跟他讨论我在中国看到的重大商机，但他只对我们的股票前一天跌了8个点感兴趣"。

这一点儿也不好笑。管理层越来越需要在关心员工的价值观以及关心短期财务绩效指标之间取得一种良好的平衡。即使股市表现良好，这种问题也不会消失。也许你觉得我的话像一个老财务，没错，我其实就是一个老财务。但我们相信，如果你发现股票交易量并不是靠买卖股票带来的，而是交易人短线炒作而造成的，那就表明股市已经失去控制。

我知道您曾经在伦敦做过投资银行家。

我63年前离开金融业，从此再也没有对金融业感兴趣。不过，任何有点儿知识的人在6个月前就该知道，英特尔公司会陷入一段艰难时期，你必须在这段变化期投资，投资目标首先要有高风险，其次是需要等若干年的时间才能得到回报。任何对金融市场有些了解的人都明白这个道理，可是英特尔公司一宣布，股价立刻完蛋，这是个极不稳定的市场。

所以，您的意思是，公司不能再用认股权来激励知识工作者，是吗？

你应该听过这样一句名言吧？你雇用的不只是一双手，而是整个人。没错，你不能只雇用一个人，总是要连他的配偶一起雇用，而配偶已经把认股权的钱花掉了。我不是在开玩笑，分红、认股权等诸如此类的东西是永远不能满足一个人的预期的。

您曾说过，重要的知识工作者必须成为真正的合伙人，而不仅仅是股东？

对，我和你谈的是我现在所做的研究，但对此我还需要进一步的研究才能定论。在很多情况下，把高级专业人才视为独立的承包商更恰当。

我们必须衡量知识工作者的生产力，那么我们如何来衡量呢？

首先要问作为下属的知识工作者3个问题：你有什么长处，能对工作做出什么贡献？公司对你应该有什么期望，要花多少时间？你在工作上需要什么信息，你欠缺什么信息？

这一点是我很多年以前学会的，当时我为世界上最大的一家制药公司做咨询。新任首席执行官希望每个部门主管说明自己的部门对公司能做出什么贡献。但研究部门的主管说："研究是无法来衡量的。"于是，我们和研究部门的人召开了几次会议，每次会议有11~13个人参加。我问他们："回想一下过去的5年里，你们部门给公司带来了哪些不同的变化？未来的3年里你能为公司做出什么贡献？"假设研究部门发现了某种荷尔蒙的功能，这能改变我们对胰脏功能的了解，但这可能要经过20年才会转化为产品——甚至还不一定能转化为产品。在20世纪60年代初期，有很多重大的医药发现被弃之不用，就是因为这些贡献不适合这个市场，也不适合主管医师对公司的看法。我们必须改变这种做法，于是，我们让医师、营销以及生产部门的人共同参与，深入了解研究部门的状况，结果在五六年内，公司运用研究成果的比率提高了一倍。

美国医疗保健行业似乎陷入矛盾的困境之中，您对此有什么看法？

美国的医疗保健行业不比任何一个国家差，其他国家的医疗保健行业都破产了，而在美国它未来仍会成长，在20年内，美国的医疗保健和教育加起来，会占美国国民生产总值（GNP）的40%，而它们现在至少已经占到了1/3。

此外，政府部门会把更多的服务外包，至于获得清扫街道合同的是营利机构还是非营利机构，都将不再有什么差别，因为这不属于市场经济范畴。如果允许我对贵杂志、目前的电子商务和企业对企业的电子商务发表个人意见，我会说，你们现在太注意商业层面了。我认为电子商务带来的最大影响，可能是在高等教育和医疗保健方面，它将使合理再造医疗保健行业成为可能。在目前的医疗保健需求中，80%的病人只需要一位执业护士适时将其转给某位医师，这一过程大致依托信息科技就可以解决。

我曾跟一些医院合作过，其中有些医院是附近方圆200英里内唯一的一家医院。我发现对这些医院而言，信息科技的作用真是大到让人难以置信的地步。以居民有 34 000 人的科罗拉多州大章克申为例，丹佛和盐湖城是附近两座规模较大的城市，各距离大章克申约 200 英里。现在大章克申的医院可以通过信息技术引进两地的医疗技术诊断病人，这解决了小医院无法建立专科中心这一最基本的问题。

这是这家医院唯一的问题吗？就这个地区的人口来说，这家医院可能赚钱吗？

对大约 100 万人口来说，大章克申的医院应该算是最近的好医院。我跟 25 家这类医院合作过，它们多散布在西弗吉尼亚州到俄勒冈州。信息科技让这些医院可以和大城市的大学医院一样好。曾经有个病人有痉挛和眩晕的毛病，大章克申的医生说，这可能是甲状腺问题，让我们跟盐湖城医院的人谈谈。盐湖城的专科医师诊断出是甲状腺的一个囊肿压迫到颈动脉，这位医生说："我处理过几个这样的病例，但我在丹佛市的同事更高明，用直升机把他送去那里。" 3 天后，这位病人就完成治疗回到了大章克申。

信息科技在医疗保险方面，已经造成神奇的冲击。至于教育方面，信息科技的冲击更大，不过，试图把普通的大学课程搬到互联网上，是错误的做法。马歇尔·麦克卢汉说得很对，媒体不仅控制传播方式，也控制传播的内容。在互联网上，你必须采用不同的方式。

怎么会这样？

你必须重新设计一切。首先，你必须保持学生的注意力，任何一位好老师都有一套探测系统以了解学生的反应，但在线教学没有这种系统；其次，你必须让学生做他们在大学课堂中不能做的事，也就是自由地来来去去。因此，从事在线教学时，你要把书本和课程的延续性、流动性结合在一起。最重要的是，你必须把课程放在一个环境中，大学提供了这种环境，在线课程也要提供背景、环境和参考工具。

在线教育在发展中国家的潜力如何？例如，印度政府已经开始推动一项计划，要在每个乡村装设一台连线个人电脑，为教育所用。

我对巴西的教育是有看法的。20世纪50年代初期，杜鲁门总统派我到巴西游说当地政府运用新科技。我告诉他们，可以在5年内不花任何成本就扫除文盲，但巴西的教师工会破坏了这项计划。我们其实在很久以前就有扫除文盲的科技。

我要指出一点，中华人民共和国成立后，中国政府的一个重大成就就是扫除中国的文盲，它靠的不是新科技，而是一种古老的办法，由识字的学生教下一批不识字的学生。很多国家的教师都会阻碍扫除文盲的计划，因为这威胁到他们独占教育的权力。让年纪较大的学生教导较小的学生是最快的方法，中国人就是这样做的。有史以来第一次，大部分的中国人都能听、能说普通话，国家统一不仅要靠文字，也要靠语言。

我们可以把新科技送到亚马孙河流域最偏远的村落，但我们会面对一些障碍：第一，教师的极力反对，他们认为自己遭到威胁；第二，不是每个发展中国家都支持教育，我曾在哥伦比亚工作，协助创设卡里市的山谷大学。我们在那些种植咖啡的小城镇碰到严重困难，因为当地父母希望小孩11岁时就到田地里工作。

在印度，这也是个大问题。此外，学校是促成平等的力量。也正因为如此，在印度存在着严重的障碍，比如奥里萨邦，那里的上层阶级会激烈反对让下层阶级的儿童入学。

让我们回到医疗保健业吧，有些人坚持市场力量是灵丹妙药，可以治好美国医疗保健业所有弊病，对毫无赚钱机会的乡村医院来说，这一点是正确的吗？

不正确，市场力量不可能是医疗保健业弊病的灵丹妙药。我总是有什么说什么。我担任两个全国性大型医疗保健体系的顾问，在其中一家担任了50年，另一家则是30年。美国医疗保健体系情况特别恶劣的说法简直是胡说八道。所有的医疗保健业都在彻头彻尾的混乱中。这是因为，医疗保健业都以1900年的事实为基础，最差的要数德国或日本。我前面说过，医疗保健体系80%的需求都是例行问题，执业护士就能处理。但采用执业护士你要面对两个问题：第一，你要确保护士在自己力所能及的范围内处理问题，因此，你强调她应该帮助患者找到所需的医学专家，而不是明哲保身；第二，执业护士没有任何权威来改变任何人的生活方式。3000年来，我们已为医师建立了神秘感，医师和护士分别对你说要减掉15磅⊖时，对你而言意义是不同的。

至于另外20%的医疗保健则需要现代医学。顺便提一下，我又要让你感到震惊了。从抗生素发明以来，医学的进步对寿命毫无影响，这些进步对一小群人来说是很神奇的，但在统计上毫无意义。最大的变化在于劳动力，我出生时，95%的人都从事体力劳动，其中大部分都很危险，会让人衰弱。你听说过卡夫卡吗？

当然。

你知道他是伟大的作家吧？但卡夫卡也发明了安全帽。他在工厂检

⊖ 1磅 = 0.454千克。

查和工人赔偿方面是个重要人物。他是捷克共和国（第一次世界大战前，那里被称为波西米亚和摩拉维亚）负责工人赔偿和工厂安全部门的主管。我们的邻居凯珀博士，是奥地利负责工人赔偿和工厂安全事务的最高主管，卡夫卡是他的偶像。当卡夫卡因为肺结核病，在维也纳郊外行将就木的时候，我们的邻居每天早上5点起来，骑两小时的自行车，去看奄奄一息的卡夫卡，然后再赶火车去上班。卡夫卡去世后，大家才发现他也是作家，没有人比凯珀博士还震惊。我想，卡夫卡曾经得到1912年的美国安全大会金牌奖，就是因为他的安全帽提高了安全生产水平。现在的捷克共和国钢铁厂，每年因工死亡的人数首次降到25‰以下。

您知道马萨诸塞州的蓝十字和蓝盾，为管理新英格兰250万人的保险事宜所雇的员工，跟加拿大为管理2700万人的保险事宜雇用的员工一样多吗？

知道，不过这样说并不恰当，你是在比较……

比较苹果和橘子吗？

不，是苹果和水獭。加拿大的系统不管理医疗保健，它们只支付固定的费率。美国医疗保险系统现在做的事，加拿大还没做，它们不告诉医生该做什么，只说你这样做，在安大略可以得到多少钱，在萨斯喀彻温省可以得到多少钱。蓝十字机构，尤其在马萨诸塞州，正设法变成医疗管理机构，它们提供医疗保健，而不仅是支付医疗保险费用。加拿大的系统不管理医疗保健，它只管理成本。

美国的医疗保险会何去何从？

我这样说好了，如果我们听艾森豪威尔先生的话，他希望每个人都有大病医疗保险，我们就应该不会有医疗保险问题。你可能不知道，扼杀这个计划的是联合汽车工会。在20世纪50年代，工会仍然能够承诺的福利，是公司支付的医疗保险，根据艾森豪威尔的原则，每个人医疗费用的支出若超过个人应税所得的10%，政府会支付超出的部分，这样一来，医疗保险的问题就迎刃而解了。联合汽车工会在美国医疗协会的协助下，扼杀了这个计划。当然，有决定权的并非美国医疗协会，而是联合汽车工会。

您谈过人口结构的变化，说未来40年里，发达国家的老人会比较多，而发展中国家的年轻人会比较多。您是否担心，在老人主导的世界里，年轻人该怎么办？

这样说吧，除了美国之外，发达国家里的年轻人数目已经急剧减少。15～18年内，美国也会开始减少。从1700年以来，我们一直都对人口成长，特别是基层人口成长速度会超过最高点的情形心照不宣，因此目前这种状况可说是史无前例的，我们还不知道它的意义何在。

有些迹象可能具有指导意义。我们知道在中国的沿海城市，中产阶级花在独生子女身上的钱，比过去花在4个小孩身上的钱还要多。在美国也是这样，现在10岁小孩想要的东西，在我那一代简直不敢想象。

你也提到年轻人，在发达国家里，年轻人就是指移民而言，而非孩子，不论是南加州的墨西哥人、西班牙的尼日利亚人还是德国的乌克兰人，都是年轻人，这群人的平均年龄为18～28岁，他们在抚养方面代表大量的资本投资，他们没有获得足够的教育，我们不知道这意味着什么。他们也许是极为庞大的额外生产力量，同时也有特别庞大的额外教育支出需求，我们不知道，我们从来没有经历过这样的情形。

但是有一点可以预测，今天的青年文化不会永远持续下去。古人曾经说过：主流文化是由成长最快速的年龄层创造的，这个年龄层不会是年轻人。

今天我们用 10 美元就可以买到一只手表，比公司从前送给退休员工的钟表更可靠、更耐用。

汽车业不断改进设计，使汽车变得更安全，也更可靠。同样的趋势很明显，越来越多的产业受这种趋势主导。那么，公司将如何竞争？

我跟客户谈到一个简单的假设，你不能以制造业公司的身份生存下去，你必须变成以流通为基础的知识公司。在制造方面，你的确无法生产出有差异的产品。

汽车工业很有意思，汽车的相对价格和 30 年前相比，便宜了 40%，然而，很多顾客已经改开运动车。若考虑到通货膨胀及知识的相对购买力，这些人支付的车价也许比 30 年前少不了多少。制造品的价格经过通货膨胀调整后，比肯尼迪时代下降了 40%。但两种主要的知识产品，也就是教育与医疗保健的成本，却暴涨了 3 倍。事实上，制造品的相对购买力可能只有 40 年前的 1/4。唯一的例外是汽车工业，它依靠购买较昂贵新车的顾客的补贴而生存。然而，虽然有大部分人买这种比较昂贵的新车，但他们开这些车子的时间也比以前长多了，这些车子只是短期利润中心。

长期又是如何呢？过去 40% 的美国买车族，每隔两年就买一部新车，现在，在我们学院高级管理课程教室外的停车场里，没有一部车的车龄低于 5 年。因此，汽车公司可以以制造业公司的身份继续生存下去，只是产品没有区别。不错，一个百分点的市场占有率不知到底值多少钱，然而你是从别人手中夺来的，而就整个汽车产业来说，没有一家公司可以赚更多的钱。

因此，你必须变成以数据库知识为基础的流通公司，这是个重大的变化，可以跟第一次世界大战后农业的变化相提并论。制造业产品的产量增加得很快，但其占国民生产总值的比率却很快地下降，就业人口也快速萎缩。制造业再也无法增加价值，价值来自知识和流通。

大萧条时期的美国，知识分子大都站在集体意识形态那边，只有您力排众议，认为企业可以成为"组织和完成社会任务的地方"。但是，今天我们看到的一些事件，像西雅图的示威，仍然影响了很多人看待企业的态度，有什么东西可能改变这种情形？

我们不会推行世界性的自由贸易制度，制造业的衰退会迫使美国政府采取保护主义，就像第二次世界大战以后，农业和农场就业每下降1%，所有发达国家的农业补贴就增加2%。我认为，制造业也会发生同样的情况，我们在产品和服务方面不会变成自由市场，自由市场其实指的是信息的自由市场。在产品和服务方面，尤其是产品方面，保护主义会逐渐抬头，就业机会越少，保护主义就会越厉害。我们的农业已经历过这种情况，制造业的未来也是如此。

墨西哥新任总统福克斯说得很对，他认为，我们越快把墨西哥融入北美经济越好，你不可能期望根据昨天以出口为导向的发展思路，来发展目前的经济。墨西哥出生率的下降速度超过任何一个国家，达生育年龄的妇女从先前生四五个小孩，降至不到两个，10年内很可能会再降至不到一个，但是现在有数目极为庞大的人口年满20岁，他们都是20年前婴儿死亡率急剧下降、出生率很高的时候出生的。他们只有一个选择,是在南加州当待遇低的工人,还是在墨西哥当待遇更低的工人?我认为,我们没有选择。

福克斯先生绝对正确,他认为北美地区就像欧洲的经济共同体,不仅在农业方面受到保护和高度补贴,制造业也逐渐变成这样。顺便说一下,这对日本人来说是最大的威胁,因为目前还没有东亚经济区,一旦东亚经济区出现,中国就会处于主导地位。

因此,抗议全球化的人,其痛苦是有一点儿道理的。只是,他们抗议的对象是错的。美国过去30年之所以在各地推广自由贸易政策,是因为它在大多数地区都拥有竞争优势。美国因其知识基础,的确拥有这种优势,但你不能把这一点视为理所当然。我不会说美国已经受到威胁,但有充分的理由相信,其他地区会赶上来。

未来,你会看到地区性的保护主义,也会看到反全球化的压力日益增加。你到过印度尼西亚吗?所有控制污染的法律印度尼西亚一应俱全,但是那里的污染却严重到令人难以置信的地步,巴厘岛正遭受严重的污染,如果你出口污染,就会有更大的压力要你控制污染。

这些人是不是在寻找焦点?

到目前为止,这些抗议者还没有焦点,他们只是抗议体制,不管体制意味着什么。

美国经历了重大转变,从劳力密集型转向资本密集型。到目前为止,这种情况弥补了制造品损失的相对购买力,但它会延续多久,我不知道。

但是在世界各地,蓝领工人丧失了比收入还重要的东西:他们丧失了地位,因此他们抗议全球化,他们认为全球化就代表就业机会流失。

天啊，其实绝对不是这样的！流失的就业机会少之又少，太少了，一点儿也不好笑！实际的情况是，国内的就业结构已经彻底改变。

我们会看到更多这一类的抗议，他们攻击的是昨天的目标，却被今天的痛苦击倒。

[2001]

CHAPTER 3 | 第 3 章

从电脑普及到信息普及

据我们所知，世界上第一届管理大会是由德国邮政总局组织召开的，时间是 1882 年，大会只邀请邮局的首席执行官参加，而大会的主题则是如何不畏惧电话。结果没人出席，受邀者都觉得受到了侮辱，他们完全不能接受自己还得使用电话的想法，因为当时只有下属员工才用电话。

20 世纪 60 年代，当我和 IBM 一起共事，探讨如何让高层管理者习惯使用电脑的时候，我想到了刚才这个故事。当时我们当中某些人已经意识到，电脑并不只是某种新鲜时髦的玩意儿，而是会大幅改变，甚至从根本上改变产业结构和企业经营方式的工具。信息将会成为未来主要的生产力要素。

当时，IBM 的董事长小沃森想到一个好点子，他认为我们应该召集所有的 IBM 首席执行官来开会，探讨如何进行"电脑普及"（Computer Literacy）。事实上，就是在那个时候，我们发明了"电脑普及"这个词。

然而，我立刻劝说小沃森放弃这个绝妙的点子，我告诉他德国邮政总局的故事："你跟他们的处境相当，没有人会来参加，对他们来说，这太不可思议了。"

25或30年前，要举行这种会议是根本不可能的。而再过30年，举办这类会议又变得没有必要，因为今天首席执行官的位置将会由他们孙子辈的人来接管。

任何一个熟悉现在十一二岁小孩的人，都不会对我看望我的小女儿和外孙时所看到的情景感到惊讶。我外孙13岁，很优秀，现在已经不再沉迷于电脑了。他跟我说，电脑除了做平行处理很好之外，已经是小孩子的玩意儿了。但他还是挺关心电脑的，他告诉我："外公，老爸的电脑已经跟不上时代了。"

挺可笑的吧？我女婿是物理学教授，主管着美国最大的非军事电脑设施之一，应该说那是如今最先进的电脑了，但我外孙说得没错。

等他们这一代长大，接替了我们的工作以后，我们就不会再谈什么电脑扫盲的问题了，就像我们不会再讨论怎样才不怕打电话一样，我5岁的外孙女就能打电话到世界各地去。

我外孙当然不是唯一通晓电脑的人，在美国，他这一代人全都精通电脑，这是美国领先世界其他国家的地方。在日本，"电脑普及"才刚刚开始，而在欧洲，则连听都没听过。我太太的侄儿和外甥住在德国，他们的小孩完全不懂电脑，虽然小孩的父母都是科学家，也都使用电脑，但是对他们来说，让十来岁的小孩熟悉电脑的想法，还是新奇得很呢。

即使我们在这方面领先于其他各国，我们其实也没有达到我们应该达到的水平。为了自我保护，我们必须了解电脑，10～15年以后，我们不但会把了解电脑视为理所当然的事情，同时也会逐渐了解信息。

现在还很少有人能做到这一点。

大部分的首席执行官仍然认为，收集首席执行官所需要的信息是首席信息官的工作,这显然是一个谬论。首席信息官只是一个制造工具的人,而首席执行官才是工具的使用者。

举例而言,我最近打算修理客厅里的老式沙发,这个沙发我三年前就该修理了。于是,我到五金店,问老板哪一种修家具的铁锤最合用。我不会问他我应不应该修理沙发,因为这是我该做的决定。我只找他买合适的工具,而他只负责把工具卖给我。

几年前我让人来我家安装传真机的时候,曾找来电话工人替我拉条新的线路,他很热心,四处看了看,然后对我说:"你的传真机恐怕放错了地方,我认为放在那边会不太方便。为什么不放在这儿?我可以马上帮你拉条线到这儿来。"但是,他不会告诉我传真应该发给什么人,也不会告诉我传真的内容应该怎么写,这是我的工作,他的工作只是给我工具。

首席执行官必须承认,如果电脑只是一种工具,那么怎样使用工具的决定则需要使用者自己来做,他们必须学着承担"信息责任"。这就是说首席执行官要问自己:我工作中需要什么信息?应向谁索取?用什么方式得到?应什么时候得到?还有,我应该给其他人什么信息?用什么形式传递?应该什么时候给他们?遗憾的是,大多数人还是期望首席信息官或者其他技术人员解答这些问题,这其实是行不通的。

我在克莱蒙特一个很小的研究生院里做着教学工作。大约12年前,我们想盖一栋电脑教学楼。我们击败了斯坦福大学和耶鲁大学,获得了大量企业捐款,因为我们在提案中这样写道:"也许这所学校在10年后不会存在,如果我们做得不够好的话,那么这栋大楼的存在就没有必要了。但是,10年以后,还会有电脑工程师以及设计软件的人。到那时,电脑科学作为管理学院单独学科的时代将一去不复返。"

我们之所以能得到企业募捐，完全是因为我们的承诺：在 10～15 年后，我们就不必再花费这么多时间，来培养制造工具的技术人员。我们当然需要技术人员，但是使用工具的人会知道如何运用工具，制造工具仍然很重要，但却是一种纯粹技术性的工作。

所以，我们第一步就是要承担"信息责任"，也就是要问自己：为了完成目前的工作，我需要什么信息？信息以什么方式存在？这时，信息专家才可以告诉你：必须用这种方式而不能用那种方式来获取信息。其实，这个答案不是很重要，因为这是纯粹技术性的答案。而关键的问题是：我什么时候需要信息？从谁手中能得到信息？还有哪些人需要我手头的信息？

我们正利用信息改造着现有的组织结构。现在首席执行官一谈到消除管理层级时，就会将信息看作一种组织结构中至关重要的因素。在一个组织中，我们经常会发现，大部分的管理层根本不在管理，他们只是把组织里微弱的信号放大了，并在组织的最高层和基层之间传来传去。我想大部分首席执行官听说过信息理论的第一法则：每一次的传播都会使噪音加倍，信息减半。这也适用于大部分的管理层级。这群人既不管理任何人员，也不做任何决定，他们只会增加企业的噪音。如果我们将信息看作组织结构中至关重要的因素，就可以不需要这些管理层级。

可是这样就会产生更多严重问题，例如我们到哪里寻找晋升机会？将来只有少数公司的管理层级会超过两三层，首席执行官能接受"组织层级越多代表组织越不健康"的观念吗？这违反了一个基本规则，很少有人能够在二十六七岁前跻身管理层，你必须在一个职位上工作5年，不但要学习工作内容，同时也要证明自己的能力。当然你还必须足够年轻，才有希望在50岁之前被提拔为高级管理层。光是这样，你的公司就必须设有至少3个管理层级。

如果你把过去的通用汽车公司与现在的通用汽车公司做个比较，就会发现该公司已经精简了许多。通用以前有29个管理层级，这表示除非一个人能活到210岁，否则他是不可能被提拔到公司最高层的管理职位的，这显然仍是通用公司的问题之一。

晋升机会从哪里来？我们如何奖励和肯定员工？我们如何培养员工来承担更宽泛意义上的工作？

这些都是更大的挑战，我们还不知道问题的答案。我们只知道这会使我们付出比过去更多的钱。金钱会比过去重要得多：过去的30年里，我们经常用头衔来代替金钱，迅速提升员工的头衔，但薪水却增加得有限，这种时代已经结束了。

更重要的是程序的变化。当我们学会把信息当成一种工具后，就知道信息的用途是什么，我们需要什么信息，什么形式的信息，何时需要，从哪里得到之类的问题。当你一一检讨这些问题时，就会知道你需要的信息是什么，真正重要的信息的确不能从信息系统中得到，你的信息系统只能给你提供一些内部信息，但只看一家企业的内部信息是不会有成果的。

多年以前，我发明了"利润中心"这个名词，今天我对此惭愧之至，因为在一家企业内部，其实根本没有"利润中心"，只有"成本中心"。利润只能从外界取得，当顾客重复下订单的时候，当他的支票不会被银行退票的时候，你才有利润中心，如果不是这样，你就只有成本中心。

当我们谈及全球经济时，我希望没有人会认为全球经济是可以管理的。全球经济的确不能管理，因为里面没有信息。当然，如果你从事的是医院这一行，到哪里你都会认得医院。如果你空降在某个陌生的地方，在山谷里摸索前进，看到了医院模样的建筑，你也会认出那是医院。我可以保证，即使是降落在内蒙古，你也会知道自己到了医院，你不会把它误认成学校或者餐厅什么的。

要是有人告诉我他的公司在世界经济中运营，我会立刻卖掉这家公司的股票。你不可能在你一无所知的地方运营，因为我们根本没有任何信息。你不可能什么都知道，你只能知道你已经知道的那些，这就是未来企业的焦点将会变得非常集中的缘故。

除非你拥有信息，否则多元化也是行不通。如果对来自大阪的竞争毫无预警消息，你就不可能拿下大阪。我们拥有的外界信息、市场信息和顾客信息都少之又少。很多人经过一番痛苦后才学到的教训是，流通渠道的变化比什么都要快，如果你等拿到报告后才行动，就太晚了。

科技本身就完美地证明了这一点。现在已经不是19世纪，也不是20世纪了。当年你可以这样认为：所有与行业有关的以及影响行业发展的科技，都是从本行业中衍生而来。

时间已经证明设立大型研究实验室的想法是站不住脚的，IBM的实验室也许会是最后一家，以后不会再有这样的实验室了。事实上，真正影响电脑和电脑行业的并不是从IBM实验室研究出来的成果。大多数从

IBM 实验室中得到的绝妙点子，都不能付诸该公司的运营。贝尔实验室以及一些制药公司的实验室的情况都是如此。

科技已不再像 19 世纪那样，由一些相互之间毫不相干的、分别支持着自己独立学科的体系所构成。现在的科技相互关联，处在混沌之中。因此科技必将来自外界，然而我们却对行业以外一无所知。

例如，你们是一家制药厂，任何一种仪器或程序，例如心脏起搏器或心脏搭桥手术，都会让你们落入万劫不复的境地。虽然你可能拥有世界上最好的实验室，但你所处行业的变化不会来自你的实验室，因为你的实验室是以内部为中心的，你的信息系统也是如此。

事实上，我们正在靠单翼飞行，也就是靠内部信息这一只翅膀飞行。重大挑战不是取得更多或更好的内部信息，而是增加外界信息。

举个例子来说，大部分美国人相信自己国家有贸易逆差，其实他们都错了，却并不自知。18 世纪早期，由于某个人物的灵光乍现，国际贸易平衡的观念出现了。但事实上，这个观念只限于商品贸易，报道的数字也仅限于商品贸易额。

虽然今天美国有商品贸易逆差，但美国同时也存在着巨大的服务业贸易顺差。官方的数字是，服务业贸易顺差是商品贸易逆差的 2/3。实际数字应该比这个大得多，因为真正的服务业贸易额根本没有统计。

例如，美国大约有 50 万个外国留学生，每个学生至少带来 15 000 美元，因此美国从这些外国留学生手中，得到大约 70 亿～80 亿美元的外汇收入，这笔账根本没有统计。我相信我们实际上，整体的商品与服务贸易会有一个小小的顺差，但这个数字并没有统计，只存在于概念中。

我们的最大挑战还是在如何获取这类外界信息上，以便我们能做出最佳决策。这些信息就是有关国内市场、顾客和流通渠道的变化方式，有关科技与竞争等，因为所有这些变化都会使你丧失业务。心脏起搏器出现5年后，那些获利最高的强心剂在市场上消失了。而一直到市场消失之后，大家才反应过来。

我们需要外界信息，也必须学习外界信息。但是，这很复杂，因为大部分企业拥有两套信息系统，一套是以数据为中心构建而成，另一套的历史就悠久了，它是以会计系统为中心的。会计系统是一个有着500年历史的信息系统，而且情况十分糟糕。未来20年中，我们在信息科技上所看到的变化，比起在会计上看到的变化，根本就是小巫见大巫。

我们已经在制造业成本会计上，开始看到了一些变化。这种成本会计起源于20世纪20年代，而现在已经完全过时了。但是这种变化只发生在制造业上，并没有在服务业上显现。如今的制造业只占美国国民生产总值（GNP）的23%，就业人口的16%。这样看来，大多数行业中的会计系统并没有任何价值可言。

服务业的会计问题很简单：不管是百货公司、大学还是医院，我们知道有多少钱流进，多少钱流出，我们甚至知道钱流到哪里去了，但是我们无法在收入与支出之间建立合理的配比关系，没有人知道应该怎么办。

现在数据系统和会计系统各自独立为政。我想，到了我的孙子这一辈，情况会有所改变。今天的首席执行官仍然依赖会计系统，我不知道有哪一家企业在做决策时是根据数据系统来进行的，每个人的决策都还是以会计系统为基础，虽然大多数人都知道该系统虚假粉饰的情况不胜枚举。

我们已经知道报表中的哪些地方可以相信，哪些不能相信。我们时常一不小心就掉入冰窟，已经知道如何避开那些陷阱。我们学会依赖现金流量表，因为任何一位会计系二年级的学生都可以做一个虚假的利润表出来。但到我们的孙子辈，大家就会对数据系统逐步熟悉起来，并且将这两个系统合并起来，至少能够结束这两个系统分立的现象。今天，这两个系统还不相通，我们在大学里仍分别在各自的系部教授这两门学科。

我们有会计部门，也有电脑部门，但彼此之间从不沟通。这两个部门一般都是由对信息一无所知的人担任管理职务。会计部门主管了解政府各项规定，而电脑主管是硬件工程师出身，但是两个人对信息都一无所知。

我们必须将这两个部门合并在一起，只是还不知道如何下手。我猜想未来的10年中，所有的大、中型企业，会将今天只有一个人负责的职务，分担给两个人做。公司会有一位首席财务官，他不管理任何人，只管理资金，其中最重要的任务是外汇管理，今天的外汇管理已经很难，未来将会更困难。公司还将会有一位首席信息官，负责管理公司信息系统。公司同时需要这两个人，而他们看待事物和业务的方式会极为不同。

不过，这两个人当中，没有一个人会去关注公司创造财富的能力，或是专注于公司明日的决策。两个人都只关注于已经发生的事情，而不是"未来可能发生什么"或者"我们能使什么发生"这类问题。

因此，我们必须让自己和公司通晓信息，这会是项艰巨的任务。这项任务要从个人开始，我们必须成为工具的使用者，我们要把信息当作完成特定任务的工具，现在还很少有人能做到这一点（能做到这一点的人一般不在企业界，而是在军界）。

我们第二项重要的任务是利用我们的数据处理能力来了解外界。现有的信息通常很贫乏，可靠性值得怀疑。唯一拥有这类可靠信息的是一些日本的大商社，它们拥有外界的信息（它们对巴西的了解令人惊讶），但是，这让它们花了将近40年的时间和巨额资金。

对大部分首席执行官而言，最重要的信息不是关于现有顾客的，而是关于非顾客的，后面这群人才是产生变化的力量。

我们来看一个濒危"物种"——美国的百货公司。没有人比这些百货公司更了解它们的顾客了。一直到20世纪80年代，它们都努力保留自己的顾客，但它们却对自己非顾客的人群一无所知。虽然百货公司占有美国28%的零售市场，这是一个很庞大的份额，但同时也表示有72%的人不在百货公司消费。百货公司对这个人群并不了解，甚至可能根本不在意这个人群。因此，它们不知道新顾客，尤其是那些有钱的新顾客并不在百货公司消费。没有人知道原因，也没有人关心过。可怕的是，到20世纪80年代结束时，这些新顾客已经变成主要影响零售业的群体，开始左右美国人的消费方式，但是没有任何一位百货业人士看出这一点，因为他们一直在关心着自己的顾客，时间越长，他们对市场行情的掌握也就越少。我们必须开始注意收集来自外界的信息，因为真正的利润中心存在于外界。我们必须建立一个系统，可以迅速将这些外界信息传递给决策者。我们还必须把会计和数据处理系统整合为一，虽然现在没多少人有兴趣过问此事，虽然我们才刚刚起步。

如果你是个电脑盲，不要期望你组织里的人会尊敬你。你公司里的年轻人已把通晓电脑视为理所当然的事，他们期望上司至少也是如此。就像如果我告诉我 5 岁的外孙女，我不会打电话，她也绝对不会尊敬我一样，她甚至不能相信我。

时代在改变，我们必须随着时代改变，我们已经有了进步，从拥有最低水准、最粗浅的电脑知识，进步到可以用电脑真正做些事情。在未来的岁月里，这种情形会更令人兴奋，也意味着更艰巨的挑战。

我们刚刚踏入一条湍急的河流之中。

［1998］

第 4 章 | CHAPTER 4

电子商务是最重大的挑战

　　传统的跨国公司迟早会被电子商务所取代。电子商务可以通过网络销售产品，提供服务、修理、零件以及进行维护。它需要一种与传统跨国公司完全不同的组织、思维、高层管理以及对绩效的不同定义。的确，衡量绩效的方法也将会改变。

　　今天，在大多数的企业里，送货被认为只是一种企业的"支持"功能，是由普通办事员负责的日常例行工作，除非出了什么重大的差错，送货永远被视为最普通不过的事情。但是在电子商务中，送货会成为和别人产生差异的地方，变成重要的"核心竞争力"。送货的速度、质量和反应能力成为企业生存的决定性因素，即使对那些闻名遐迩的大品牌也是如此。可是现有的跨国公司还没有一家是根据这种需要来构建企业的，整体而言，根据这种需求来构建企业的也是寥寥无几，甚至很少有人想到这一点。

　　1829年铁路的发明使人类掌握了距离，这点可以说明为什么与工业革命时期其他任何一项发明相比，铁路对每个国家的经济和劳动力都造成了更大的影响。它改变了人类的思维、视野以及"心智地理"。

而电子商务比铁路更进了一步，它消除了距离。在电子商务中，卖方没有必要将自己的店铺设在某个特定的物理场所。事实上，顾客一般都不知道卖方在哪里，也不关心电子商务的卖方设在哪个地理位置。而电子商务的卖方，像当今最大的网上书店亚马逊公司，同样不知道，也不关心订单是从何而来。

如果这种电子商务是电子信息交易，好比软件程序或一宗股票交易，那么就没有什么送货的问题。"产品"本身只是电脑记忆中的一个条目，产品在法律上存在，但实体上并不存在。（然而，这种电子交易本身有很大的税务问题，在进入 2000 年的时候，这将会让全世界的税务机关头痛不已。税务机关如果明智的话，会放弃这类税收，而不明智的税务机关则会制定出一些毫无意义的制度。）

如果购买的是书籍，送货也不会存在什么大问题。书籍很容易运送，价值和重量的比率也很高，而且可以轻易地穿越各国的边境和海关。但是拖拉机就不同了，如果将它送到顾客手中，既不能通过电子方式送货，也不能通过包裹邮递。

报纸和杂志之类的印刷品似乎也需要送货，至少到目前为止，所有尝试发行网络版、让用户在电脑屏幕上阅读或下载看的报纸媒体，都没有获得很大成功，用户还是希望将报纸送到家门口。

医疗会诊和检测越来越多地通过网络来实现，但实际上，与治疗相关的一切活动——从医师的检查到手术、开药和身体康复，都要到病人所在的地方进行。所有的售后服务，不论是有形产品，如机器或自行车的维修服务，还是银行贷款之类的无形服务，也都必须送到客户所在的地方。

用电子邮件卖车

任何企业或机构如果能组织好送货，就可以在任何地理位置经营，而不必设立在某个特定的物理场所。

举个例子，今天美国成长最快的企业，是CarsDirect.com，它利用电子邮件销售新型客车。这家公司设在洛杉矶郊区，1999年1月才成立，而到当年7月，它已经变成美国20家最大的汽车经销商之一，在美国40个州经营，每月卖出1000辆汽车。这家公司之所以成功，并不是因为价格便宜，或是有特别高明的销售技巧。其实，在这些方面，汽车直销公司仍然远远落后于历史悠久、规模较大的在线汽车经销商，像Autobytel.com或微软的子公司CarPoint.com。汽车直销公司跟这些公司最大的不同，是它拥有独特的送货系统，它和全美1100家各地传统经销商签约，其负责将公司卖出的车交给当地的买主，保证了送货日期以及车辆的售后服务。

在企业对企业电子商务中，送货一样很重要，甚至可能更重要。而所有的迹象都表明，企业对企业电子商务的成长速度，会比电子零售商务的成长速度更快，尤其是在跨国交易方面。

有史以来，电子商务首次把销售和购买分开了。对企业来说，收到订单与货款之后，销售就算结束了；但是，只有将产品送到买方手中，而且直到买主满意之后，购买才算结束。因此，从事电子商务必须实行中央集权制，但送货这部分却需要地方分权。送货必须彻底地方化，而且要注意细节和精准性。

就像电子商务把销售和购买分开一样，电子商务还把制造与销售分开了。在电子商务中，我们现在熟悉的"生产"会变成采购，任何从事电子商务的机构都绝对没有理由画地为牢，只销售和传播一家厂商的产品或品牌。

事实上，就像亚马逊网上书店和 Cars Direct.com 的例子一样，电子商务的强大优势正是可以为顾客提供全方位的产品，不管这些产品是由哪家公司制造的。而在传统企业结构中，销售仍被视为附属于生产的一种功能，其业务的安排也是如此，或者就像成本中心那样，只"销售自己制造的东西"。而未来电子商务公司会销售"所有能够被送的东西"。

[2000]

第5章 | CHAPTER 5
新经济还未出现

本专访由 *Business 2.0* 杂志总编詹姆斯·戴利负责。采访地点是德鲁克在加州克莱蒙特的办公室。本文是德鲁克基于一些特定话题和采访者的提问亲自编辑而成的，刊载于2000年8月12日的 *Business 2.0* 杂志上。

很多新的网络公司正在为了生存而挣扎，它们到底什么地方做错了？

我认为它们什么都没有做错，只是它们没有做对任何事情。那个只要声称自己是网络公司，就能够自动得到一大堆钱的时代，很可能已经过去了。这些网络创业公司中有很多其实根本就不是创业公司，它们只是股市中的赌徒。就算它们真有商业计划书，也只是为了它们的股票首次公开发售（IPO），或是想被人收购，而不是想要建立一个企业。今天企业管理者的贪欲让我感到相当震惊。

现在想要从这种混乱中抽身而退是否已经太迟？

可能吧。想要获得风险投资变得越来越困难。我曾经跟一位年纪较大的财务人员共事过，他跟我说，任何创业公司如果承诺在5年内盈利，都是说谎。但是，如果说任何创业公司都不可能在1年半的时间内创造正现金流，也是谎言。今天看起来这种说法可能太过传统了，有些网络创业公司要花很长时间才有利润，亚马逊公司就是典型的例子，这一点我并不担心。但是，最后会有正现金流的网络创业公司却十分罕见，这根本就不是在办企业。

很多新创企业会辩称，它们只是在土地还便宜的时候购买土地，也就是说，它们今天会花很多钱争取"关注率"（mind-share），然后"关注率"才会变成"市场占有率"，最后则会变成未来的获利能力。

不错，但是你必须要靠大量的现金流来支持这种"关注率"。20世纪20年代的人，会用一模一样的话来辩解，只是当时还没有"关注率"，也没有"市场占有率"这些新名词，不过，当时的投机热潮中也有过同样的幻想和承诺。一般说来，真正的经营会发生在投机热潮的10年之后。现代经济中，第一个大规模的投机热潮是铁路。19世纪30年代，英国掀起了庞大的铁路投机热潮，结果造成了19世纪40年代初期很多大公司的倒闭，在这之后，人们才开始了真正的铁路建设。美国也出现过同样的情形，美国的铁路热潮开始于19世纪50年代，但是一直到南北战争之后，大家才开始认真建造横贯大陆的铁路，铁路业才开始真正获利。

您认为这种从产业出现到产业繁荣间隔10年的时间表现在还适用吗？您认为还要花上10年，才能看到新经济真正胜利者的出现吗？

对。任何新行业的新公司都必须承诺：你必须挣回你所花出去的每一分钱。但是，如果没有现金流，你就得依靠新投资资金的不断注入。如果你不能把你所谓的"关注率"转化为"市场占有率"，你就只能依靠股市获利，而不是依靠经营获利了，而这样做的风险非常高，即使股市出现最小幅度的震荡，你都会受到特别严重的伤害。

如果这么多新的网络公司都是股市赌徒的话，那么地位稳固的传统行业又如何呢？大公司的在线业务的机会又如何呢？

包括我自己在内，我们都严重低估了这些传统行业中的大公司快速适应电子商务的能力，其实，在这方面，它们已经变成了领军人物。举个例子，4年前我告诉一家大型汽车公司，他们必须开展电子商务。他们很礼貌地听着，也就是说他们并没有用石头砸我，但我想他们肯定认为我是疯了。而现在，这家公司已经创立了网上商店，如今正在跟另外至少两家，很可能是四五家大型汽车公司合作，将这个网上商店推广成为全球竞拍市场，他们的步子迈得很快。不过，这也花了他们4年的时间，而且仍然只专注于自己的品牌，并不像其他网络公司那样进行多品牌的推广。我认为，网络公司和传统公司双方都还需要相互学习。

成为拥有多品牌的公司很重要吗？

至关重要。假若你是福特公司，你在网上就会只卖福特汽车给福特汽车经销商。但如果你是一家网络公司，你就会销售各种品牌，并为每一种品牌找到经销商，这样就使网络公司获得极大的优势。但这种优势只能持续很短的时间。我不知道现在有哪一家大型汽车公司，会认为自己的营销力量能使它成为所有品牌的经销商，尤其是经销数量不大的品牌。据我所知，他们正在努力推进此事，再给他们半年时间吧，他们在这方面有严重的内部问题要处理，比如经销商的问题、内部人员的问题等，他们必须解决这些问题。

有没有评价网络公司成功的新标准？

这点恐怕超过了我所能回答的范围了，大大地超过了，我不觉得它跟传统的标准有什么不同。在股市评估方面，有一套古老但也很重要的标准，就是根据未来收益，评估股票的价值。这很有道理，一直很奏效，而将它应用于网络公司热潮中也很贴切，大家可以根据网络公司预期的资本收益来评估股价。尤其当公司债务的价值缩水时，预期的未来收益就会变得更为重要，这时地位稳固的企业（不一定只是大企业）会有很大的优势，因为它们的资金成本低得多。如果你的资金成本是根据惊人的股价上涨来计算的，那么当预期收益骤减的时候，你的资金成本事实上会变得很高。话虽如此，我仍然相信我们迫切需要衡量公司成功的新标准。

那么我们需要什么标准呢？您评估网络公司价值时最重视哪些数字？

我的看法不重要，重要的是，潜在投资人会用不同的方式看待这些公司的价值，这一点是很清楚的。

您觉得未来的企业会是怎样的？

你要我评价哪个企业？哪一种企业？有趣的是，互联网对非营利机构的影响会远远超过对营利机构的影响，特别是对高等教育的影响尤为重大。你的基本资源成本，也就是脑力资源的成本迅速上升，已经变得十分昂贵。精通技术又有创新能力的人已经贵得让人难以置信，他们如果以独立工作者的身份，而不是替某家企业工作，就可以赚到想赚的大钱，不管公司给他什么样的认股权。

网络对高等教育的影响几乎可以肯定会远超过它对任何企业的影响。有史以来第一次，知识工作者的寿命会超过任何一家组织机构的寿命。今天你必须拥有很多知识，而且是高度专业化的知识。因此，高等教育的重心已经从年轻人的教育转移到了成年人的继续教育。企业采用的技术通常变化很慢,我的姓"德鲁克"(Drucker)是荷兰文,意思是"印刷工",我的祖先从1510年前后至1750年,都在阿姆斯特丹当印刷工。在这整个期间里,他们不必学习任何新技术,因为在19世纪以前,印刷术的所有基本发明都已经在16世纪初完成了。苏格拉底曾当过石匠,如果他死而复生,到采石场工作,他只要花大约6个小时的时间,就能赶上当时的技术水平,这方面的工具和产品都没有什么太多的变化。

这种对继续教育需求的持续升温,会影响未来公司的结构吗?

应该会的。我们今天所知道的公司形式,已有120年的历史,再过25年,公司恐怕都不存在了。也许,它们在法律和财务上可以继续生存,但是,在结构和经济上不会存在了。

今天的公司结构是以不同的管理层级组成的,这些管理层级大部分是信息中转站,和所有的中转站一样,信息每经过中转站一次,就会把信号消减一半。未来,管理层级会变得越来越少,负责传递信息的管理层级也必须变得很聪明。但是我们都知道,知识老化的速度相当快,未来30年中,成人职业继续教育会成为成长最快的产业,但这种教育也不是以传统的方式进行的。5年内,我们会把大部分的经理人管理课程放到网上,互联网可以结合课堂和书本的优点:看书时,你随时能翻回到第16页,但在课堂上却不能,不过在课堂会有身临其境的感觉,而网络将这两种优点都包括了。

很多年前,您制定出创新的"五要"和"三不"法则,今天如果再让您制定创新的法则,您会如何制定呢?

今天我们需要的组织是能够领导变革的组织,不只是一个创新的组织。5年前，有许多关于创造力的著作问世，但大部分的创造只是更系统的艰辛工作。15年前，每家公司都想成为一家创新公司，但除非你成为"变革的领导者"，否则你不会具有创新的心态。创新必须是一种系统性的工作方法，也是很难预测的。比如说，你的裤子上有拉链吧？

有，我看了。

不是扣子的吧？

不是。

如果你看看拉链发明的历史，就会发现这个发明完全不合乎逻辑。按照当时的想法，拉链根本不可能在服装行业取得成功。当初发明拉链，是为了在港口将装重物的袋子，比如装谷物的袋子，给封装起来。没有人想到要用在衣服上，但是市场的需求已经超越了发明者的预期。这种情形总是一再发生。拿破仑战争之后的第一场重大战役是1854年的克里米亚战争，这场战争死伤惨重，研制出能够在战场上使用的麻醉药变得相当重要。大家最先想到的是可卡因，理论上，可卡因不会使人上瘾，于是，大家都开始使用可卡因，甚至弗洛伊德都在用它。但是，事实上可卡因会让人上瘾，还必须戒掉。大约在1905年，一个德国人研制了第一种不会使人上瘾的麻醉剂，叫作新古柯碱（novocaine），发明者用了他人生中最后20年的时间，设法让大家使用它。结果，这东西被用在什么地方了？用在牙科上，发明者不会相信他的伟大发明居然用在补牙这般平凡的地方。所以我说，市场的需求和发明者的想象几乎是完全不同的。

所有的创新当中，符合创新者期望的占10%～15%，另外有15%、20%或30%就算不是失败，也没有成功。5年后，大家会说，这种东西是很好的专用产品，你知道这句话的意思吧？意思是你必须赔钱把你发明的东西送给人用。至于剩下的60%，充其量不过是脚注而已，根本不会引起人们的注意。时机也很重要，一种发明可能现在不成功，但10年过后，别人做出类似的东西，稍做些修改，却大受欢迎。有时，策略比创新本身更重要，问题是，你很少再有第二次机会。

您认为组织应该参与到创造性破坏的过程中去吗，就像克莱顿·克里斯坦森在《创新者的窘境》(*The Innovator's Dilemma*) 中所描述的那样？

当然应该，但这种过程必须是持续不断的，且必须很有组织性。让我举一家曾经合作过的公司做例子，这家公司的规模相当大，在其专业领域里，是全球的领导者。在这家公司里，每隔3个月就有一群人，一些比较年轻的资历浅的人，但绝对不是同一批人，他们会坐下来研究公司一部分的产品、服务、流程或政策，然后提出这样一个问题：如果我们先前没有这样做，我们现在还会这样做吗？如果答案是否定的，问题就变成：我们现在应该怎么做？每隔四五年，这家公司就会有系统地放弃或修改其产品和流程，尤其是修改公司的服务，这是这家公司成长和盈利的秘诀。

一家公司应该有能力清除自己的垃圾。人体会自动这样做，但在企业中，就会碰到很大的阻力，抛弃不是这么容易就能做到的，且不要低估抛弃可能造成的影响，抛弃对员工和组织的心态都会造成很大的冲击。有时候，所谓的旧产品的"改良"可以使其变成新产品。我所知道的人和公司当中，就有70%的创新只是将既有产品稍加修改而成的。我所知道的最好的例子，很可能是通用医疗电子公司的例子，这家公司是行业的领袖，但该公司的产品并没有多少来自真正的创新，大部分来自改进。

您对微软的反垄断诉讼案有什么看法？

反垄断是美国律师的最爱，但是对我没有什么意义。任何垄断企业的确都会压制新进入者，但是我不怕垄断，因为所有垄断最后都会崩溃。希腊历史学家修昔底德早在1000多年前就写道，霸权会扼杀自己，因为霸权总是会变得傲慢，总是会变得过于自大，总是会促使其他力量团结起来以对抗霸权，反对力量总会兴起，霸权自我摧毁的力量总是很大，它会变得具有防御性并且高傲自大，成为昨日的防御者，而最终毁灭了自己。因此，历史上具有垄断势力的组织都不会太长久。

对从前的垄断组织而言，最好的结果就是被拆分。如果反垄断没有迫使IBM放弃打孔卡，IBM绝对不会变成电脑巨人。洛克菲勒公司碰到的最美好的事情也是被拆分，洛克菲勒公司曾固守煤油业务，认为汽油只是一时的流行。标准石油公司被拆分的时候，公司已经开始走下坡路，之后的新公司，如德士古石油公司，转以日渐壮大的汽车市场为目标，公司呈跳跃式增长态势。5年后，洛克菲勒公司的财富是被拆分前的10倍。

因此，我认为微软公司能够碰到的最好事情，就是把公司拆分成几家。我想，比尔·盖茨不会同意我的说法，不过，当年洛克菲勒先生也不同意我这种说法。

为了避免标准石油公司被拆分，洛克菲勒奋战到最后一分钟。美国电话电报公司也一直斗争到最后已经明显没有希望为止。IBM和老沃森也是如此。我跟老沃森很熟，不是把IBM变成大公司的小沃森，而是他父亲老沃森。他早在1929年就预见到电脑的前景，但是当他的打孔卡业务遭到威胁时，他却尽其一切力量想扼杀电脑。反垄断诉讼让他心爱的儿子有机会劝老头子收山，他们都是我的客户，也是我的朋友。

您写过一本有影响力的书，叫作《不连续的时代》⊖（*The Age of Discontinuity*）**，在这个加速变化的时代，如果要您重写这本书，您要写些什么？**

我不知道，这本书我已经有30年没看了，我从不看自己的旧书，我只写新书。但是我会更强调人口结构问题，更强调全球化，更强调互联网，尤其是企业对企业的电子商务。你无法预测新经济或新社会是什么样子，但是你可以看到某种趋势并预测到某些事情的发生。

过去的四五十年中，经济是主导力量，未来的二三十年中，社会问题会变成主导力量。老龄人口迅速增长，而年轻人口的逐渐萎缩现象表明将会出现社会问题。

由于制造业的进步，生产会呈指数增加，但制造业的就业机会正在消失，蓝领工人的就业机会，以及制造业占国民生产总值的比率也在下降。第二次世界大战结束时，美国农业的劳动力仍占25%，产值占国民生产总值20%左右，而现在已经降到3%～5%。制造业正在重蹈覆辙，只是可能不会下降得这么快，如果你把制造品的价格换算成固定币值，从1960年以后，制造产品的价格每年至少下降1%～2%。

在这个剧变的时代，如何才能成功地管理？

短期的诱惑力很大，却很危险。管理者必须学习的一件事，就是要在长、短期之间求得平衡，可是很少有人能学会这一点。通用电气公司的首席执行官杰克·韦尔奇独特的成就，就是发展出一些工具，使他既

⊖ 本书已由机械工业出版社出版。

可以注重短期的财务绩效，我这里说的短期不是6个月，而是3年，同时也强调长期的员工培养。你可以把这一点叫作"心智力量战略"（mind power strategy），这件事对通用电气公司来说相当容易，因为通用电气早在20世纪20年代时，就发展出健全的现代化财务战略，它也是在20世纪30年代最先发展出人力资源战略的公司，这一切都是通用电气的传统。韦尔奇将这类权衡，当成公司最重要的事务。我敢说，他每个月都拿到旗下167个事业部的月报表，但是他提前7年，就开始做人力资本投资。

如何把转变变成一种优势？

要注意每一种变化，深入观察每一扇变化之窗，并自问：这扇变化之窗可能是机会之窗吗？这种新东西是真正的变化，还是只是一时的流行？其中的差别很简单，变化是大家在做的事情，而一时的流行只是大家谈论的事情。我有个老朋友，是一家大公司的重要人物，他被人指责为从不改变任何事情，他的公司生意兴隆、非常成功。他曾说，买一本谈论变化的书籍，远比改变任何事情便宜多了。你也必须自问，这种转变、这种变化是机会还是威胁，如果你一开始就把变化当作威胁，你就不会创新。不要只因为什么东西不在你的计划之内，就排斥这种东西。意外经常是创新最好的来源。

要记住这一点，对特定企业来说，很多转变可能毫无意义，但对其他企业来说，可能有极其特别的意义，而对我们来说，又完全没有意义。这些转变不会改变我们的市场、顾客以及科技，甚至大部分都只是别人在研讨会上讨论的东西，并不适合我们使用。我可能看到一些相关报道，如果很有趣，我就会在上面贴上一张便笺纸，叫我的员工去研读它，并深入讨论，而我会记住它。或许五年后，我会因此而做些什么，这份报告成为我工具箱里的一部分。你得注意每一扇变化的窗户。

您认为在互联网上做生意的前景如何？

我认为现在预测电子商务的未来还为时太早，你永远不知道新的流通渠道会如何变化，流通的东西是什么，以及顾客的认知价值会怎么转变。电子商务只需在全部消费者业务中，占到小小的一部分（当然也可能占到相当大的一部分），就足以对现有的流通渠道产生深远的影响，迫使现有的流通渠道进行迅速改变。

我认为很可能出现这样一种体系：就是利用电子商务进行销售，然后在实地交货。这种情形已经在日本迅速发展，伊藤洋华堂（Ito-Yokado）大概是今天世界上最大的零售商，其拥有的企业包括在日本的10 000家7-11便利店，它们逐步跟各式各样的供应商建立往来，发展一种顾客在线购买，并到最近的7-11便利店提货的模式。因为，电子商务的核心问题就是交货。

交货必须在当地进行。如果你卖的是书，这一点很容易就能做到。书籍的价值－重量比很高，除了钻石之外，几乎没有一种商品像书籍的比率这么高。书籍很容易运送，虽然可能损坏，其实却相当牢固。世界各地的书籍运送成本都被人为压得很低，所以邮局得到一大笔补贴。在美国，邮局寄书的成本可能是收费的4倍之多。因此，书籍很容易运送，但是拖拉机就没有这么容易了，容易腐烂的商品更是不可能做到了。所以我说以后很可能出现这样一种体系，进行在线销售，却在实地交货。日本7-11的在线交货系统已经占这家便利店销售额的40%之多，7-11不必花任何成本就可以得到小部分佣金，所以，我认为这可能是发展的趋势之一。其他变化的影响也会很深远。销售、制造和交货第一次被分离了。权力中心转移到流通业手中已经有 50 年了，而现在这种情形会加速扩大下去。有多少制造业的工厂会生存下来？不会很多。到目前为止，流通业已经滥用了这种权力，流通业者已经拥有品牌，反观大型制造业公司，在消费者心中拥有真正有力量的品牌的公司却寥寥无几。

至于其他方面，产品的设计、制造、营销和服务会变成不同的企业，这些企业很可能受控于一个财务体系之中，但基本上，会被当作不同的企业来经营。福特汽车公司曾被视为制造业公司，但是它们如今制造的东西很少，它们只是组装，这点完全背离了大规模生产的概念，因此，影响是深远而长久的。我们刚刚开始了解这一切所代表的意义。

[2000]

第6章 | CHAPTER 6

新千年的首席执行官

记得几年前大家纷纷讨论"取消管理层级"。我们似乎应该变成一群快乐的船员,在公司这条船上同舟共济。但是到目前为止,这种提议并没有成为现实,而且短期内也不会实现,原因很简单:首先,当这条船要沉下去的时候,你不会召开民主会议,你必须下命令。需要有一个人站出来说:"别害怕,就这么办。"若没有决策者,你就永远做不了决策。此外,无论从科技、经济还是社会而言,我们的企业都在变得越来越复杂,我们比以前更需要知道谁才是最后的决策者。因此,我不想讨论高层管理的消失和削弱,我想把焦点放在他们所面临的新挑战上。

如果研究一下今后15年左右首席执行官的职位,可以看出五个极为显著的特点,这五点息息相关,却也彼此独立。这五个要点是什么?对我们的管理者又会产生什么具体影响呢?

公司治理的改变

有一点我可以肯定,就是15年后,公司的治理方式会和现在大不一样。我敢这么肯定,是因为我在企业的股东结构中看到了根本变化,而这种情形必然会与公司治理一脉相承。

今天，财务指标已成为决定股东利益的最终考量，在发达国家尤其如此。举例而言，美国人口正在逐渐老化，因此，担心未来财力来源的人会越来越多，这更加剧了对养老基金的重视：养老基金的投资方式、投资种类等就会成为重要的问题，并影响企业的股东结构和关键要点。所以，我认为，机构投资人成为决定性的股东已是一个不争的事实。

这对公司治理意味着什么？对首席执行官又意味着什么呢？未来，公司会面临的一个重大挑战，就是对这些新股东的教育问题。我曾经说过，很多新股东都是做金融出身。我曾是一个证券分析师，以我的经验，要让一个做金融的人了解企业运作，几乎是不可能的事。我不是开玩笑，做金融的人不必在两种经常对立的因素间谋取平衡，不必处理短期还是长期、延续还是变化、改善今天还是创造明天之类的对立问题。而企业的领导者却在每天斟酌这些问题，知道其中包含了多少挣扎和斗争。做金融的人很难理解这一点。当然这些新股东也有他们自己要处理的问题和压力，美国养老金制度及公司利润的增长，只是其中的部分问题而已。

未来首席执行官最重要的工作之一，是思考自己的企业与新股东之间的关系，并在两者之间谋求一个合理的平衡点。一个对谋求企业平衡点富有经验的管理者，通常会对他们要做的事情，有一种非常好的感觉——即使这些工作十分艰巨，即使他们有可能会出错。最严重的错误莫过于设法回避公司治理的问题，我知道有很多人都设法逃避这个问题，他们躲在错误的护身符之后，也就是躲在"我们是为了股东的短期利益在经营这个公司"的说法之后。

我认为这种情况应该结束了，今天的公司领导者必须接受一个事实——昨天道琼斯工业指数表现的股东利益，并不是他们经营公司的宗旨。未来15年里，需要直面和改变的问题不仅仅是公司治理，还包括相关的观念和手段，也不仅仅是美国面对以上的问题。今天，没有任何国家可以宣称，自己在公司治理方面已经取得成功。德国的公司治理不见得高明，日本的公司治理也不见得奏效，如今世界各国的股东结构都出现了根本性的、激烈的和持久的变化。

很多管理者已经开始处理公司治理问题，他们发现这并不容易，但也不是无法完成的任务。而还没有面对这个问题的管理者，会在未来10年中发现，他们只能面对这个挑战，别无其他选择。

处理信息的新方法

我们无数次听过这种说法，我们生活在信息革命之中，的确如此。40年前，电脑刚刚诞生的时候，大部分人认为它只是速度非常快的计算器。很少有人将电脑当回事，将它看成信息处理的一种新方法。但是，现在我们相信，再过二三十年，它会改变我们经营企业的方式。

但是到目前为止，除了军方之外，我们处理信息的新能力对我们经营企业的方式，几乎没有任何影响。而所谓的重大影响，其实只表现在我们运作的方法有所改变。

举两个例子，我的孙子刚实习完，他是学建筑的。他最近拿一种软件给我看，他用这种软件来完成自己的毕业论文，也就是为一家大型建筑公司做一个项目，这家公司正在投标为一个新监狱设计取暖、灯光和水电工程。孙子拿给我看的软件，可以瞬间做完过去要好几百人做的工作。同时，在医学院里，虚拟实境的技术（virtual reality presentations）为外科医师的训练提供了全新且有效的方法。过去，年轻的外科医学院学生要到他们成为住院医师的最后一年，才能进入手术室观摩手术。在此之前，他们只能看到手术者的后背。而今天的外科医学院学生可以靠虚拟实境技术进行训练，而不会危及病人，这一点非常重要。

对企业界来说，信息科技所造成的影响也是很显著的。但是到目前为止，影响只表现在公司硬件设施中，却没有表现在对战略和创新之类无形因素的影响上。因此，对首席执行官而言，处理信息的新方法对他如何做决策的影响甚微。这种情形将来必须要改变。

我们以大多数首席执行官都熟悉的两个职位为例。今天每家公司都有首席财务官，公司整个会计部门要向他汇报，这是我们最古老的信息系统。在很多方面，会计都已经过时，但企业仍旧还使用它，因为这是他们了解和熟悉的东西。同样，很多公司都有一位首席信息官，负责管理信息系统，这通常是一套极为昂贵的电脑系统。

但这两位主管没有一个懂得什么是信息，他们只知道数据。而在15年后，这两位主管都接受一个人管理，两种工作也会不同。会计自20世纪20年代以来已经出现了很多实质性的变化：出现了作业会计以及经济链会计（economic-chain accounting）等。我们正在改变基本的数据记录方式，以便适应目前的经济现状——一些设立会计学时根本没有遇到过的状况。同时，我们正在设法将会计与我们的数据处理能力合二为一，于是你会拥有一套看起来完全不同的信息系统，而这套系统并不能提供首席执行官最迫切需要的信息，即与企业外部状况有关的信息。

在我的职业生涯中，犯过的最大错误之一，就是在 1945 年前后发明了"利润中心"这个名词。其实，企业内部只有成本中心，唯一的利润中心是支票没有被银行退票的顾客。我们对外界了解得少之又少。即使你的公司是某个产业中的领头羊，大部分购买该产品或服务的人，也并不是你的客户。举例而言，如果你占有 30% 的市场，你就算是产业巨人了，但这同时也表明，70% 的顾客并不购买你的产品或服务，而我们对他们一无所知。

这些"非顾客"特别重要，因为他们代表一种信息来源，是帮助你评估影响你产业变化的尺度。为什么会这样呢？如果你看看过去 40 年内重要的产业变化，就会发现所有变化都是在现有市场、产品或科技以外发生的，无论从事哪一行，高管人员都必须将精力花在研究公司以外的地方。毋庸置疑，要认识非顾客并不容易，但这是你扩大知识的唯一方法。我知道一家在日本极为成功的企业，他们主张在与日本人接触之前，先好好研究日本历史。身为美国人，我们极为幸运，因为我们拥有多元文化，我们应该好好利用这个优势。

在 19 世纪，你可以很自然地认为不同的产业会孕育出不同的技术，而且这些不同的产业技术，永远不会有融合的那一天。从 1869 年的德国西门子公司实验室建立开始，这个假设是所有产业大型实验室创立的前提。但它现在已经行不通了，现在科技时时刻刻都会融合，实验室的生产力不再是成功的前提保障。过去 30 年里，贝尔实验室的生产力比历史上任何时候都高，但是成效如何？这段时间里，有多少重大的科技突破，是从那里出来的呢？

毫无疑问，企业必须了解自己势力范围之外发生的事情，但是到目前为止，几乎没有任何这方面的信息，即使有，也顶多是趣闻轶事。我们才刚刚开始学习如何量化这类信息，到现在为止，每次有人宣称做到上述这点，我就知道这个人是自不量力。

命令与控制

与这一点密切相关的还有一个因素，就是能以传统方式完成的工作越来越少。过去，公司（尤其是大公司）会设法在自己明确的势力范围内，控制自己需要的一切，完成所有任务。我对这种变化不一定感到高兴：现在大家大谈消除命令和控制，没有了命令和控制，用什么取而代之？但是我们看到，越来越多的公司跟承包商和临时人员合作，合资企业的数目增加，外包业务成长，各种各样的联系都在增加。为一家公司工作的人，很可能不是该公司的员工，我听过这样一个预测：在未来的几年内，为组织工作的人中，包括为政府工作的人在内，不隶属于组织的员工人数会远远超过隶属于组织的员工人数。

专家以及管理顾问的爆炸性成长是出现这种情况的一个征兆。我曾经答应为《哈佛商业评论》写一篇关于管理顾问的文章，一本用户指南（首席执行官迫切需要这样的东西），可是我写不出来。外面发生的事情实在太多了，在我看来，这种现象代表我们需要投入的因素中，有越来越多不是来自我们所能控制的人员或组织，而是来自跟我们只是有某种关系的人员或组织，他们是伙伴，是我们不能命令的人。

合资企业中成功的参与者都懂得：一位伙伴不能"命令"另外一位伙伴。与伙伴工作基本上是营销工作，这意味着我们要问这样的问题：

对方的价值观、目标和期望是什么？但是，有时候要完成工作，命令是至关重要的。未来的首席执行官必须了解何时该下命令，何时该当伙伴，这一点并非没有先例。J. P. 摩根创立了一个由 12 人组成的合伙机构，然而，他仍然知道什么时候要承担领导的角色，但是，这样做绝非易事。

知识工作者崛起

发达国家未来会拥有的唯一优势是什么？我们从两次世界大战得到的启示，一部分也来自我们的实际经验，就是如何在一夜之间把人员训练好。

朝鲜战争结束后不久，我被派到韩国，韩国遭到的破坏比德国或日本在第二次世界大战期间遭到的破坏还要厉害。更糟糕的是，在朝鲜战争前 50 年，日本人不准韩国有任何高等教育，不过，由于适当的支持和训练，在不到 10 年的时间内，纯粹农村的原始劳动力，就变成生产力颇高的劳动力。

你不能再依靠知识的竞争优势，技术传播的速度快得惊人，未来三四十年内，美国拥有的唯一真正优势将是能大量供应知识工作者，这大概是一种不容易在一夜之间创造的优势。美国有 1200 万名大学生。在中国，顶尖的学生受过良好的训练，但是在 12 亿人口中，只有 150 万名大学生，如果美国拥有同样的比例，我们应该只有 25 万名大学生。我们现在可能会认为美国的大学生太多了，尤其是法学院的学生，但是知识工作和知识工作者的生产力是显而易见的，问题是我们还没有着手研究这些挑战。

今天知识工作者的生产力很可能不如过去,因为他们的日程表上排满了与其专业技能无关的活动。全世界最训练有素的人员就是美国的护士。可是,每次我们研究护士的工作,就发现他们80%的时间都花在那些非专业的事情上。他们花时间填写那些显然任何人都不需要的报表,没有人知道这些报表的用途,但还是得填,而这种工作就落在护士身上。在百货公司里,售货员70%～80%的时间,不是用来服务顾客,而是服侍电脑。今后20年,如何提高知识工作者的生产力,是我们必须认真面对的挑战。

对于体力工作,我们首先要问:"你怎么做这份工作?"因为,你只是自然而然地去做这份工作。而对知识工作,你首先要问的是:"你做什么工作?你应该怎么做?"如果我们想维持我们的竞争优势,回答这些问题至关重要,实物资源不能再提供多少优势,技能也不行,只有知识工作者的生产力才能造成显著的差别,但现在,这种生产力还相当低。

整合为一

这一切都意味着什么?首先,这意味着首席执行官必须明确界定公司的"结果"。这意味着首席执行官必须明确知道,何时要推进,何时要抽身,何时应该放弃一些东西,未来的领导不能靠魅力来领导,他们必须理清这些基本问题,以便使员工能够发挥生产力。

理清这些基本问题是相当大的挑战,尤其是考虑到变化的速度、新劳动力的期望以及世界经济的竞争日渐激烈。但这之所以是相当大的挑战，也是因为首席执行官不能再制定出一种政策，然后期望这种政策能够支持你很多年。有些公司像通用汽车、美国电话电报和西尔斯百货，就曾靠着长期的重大政策，缔造成功。但这些公司是例外，过去，10年变化一次是很普通的，现在的变化太快了，以后每三四年就出现一次变化，可能会变得更常见。

首席执行官的工作会逐渐变得很复杂，非常像我所知道的世界上最复杂的工作——管理歌剧演出。你有一些明星，但你不能命令他们，你有一些配角演员和交响乐团，你还有幕后工作的人和观众，每一组人都完全不一样。但歌剧指挥拥有乐谱，每个人都有同样的乐谱，你必须把各种不同的人整合在一起，创造你希望得到的结果。这就是了解未来的关键。首席执行官的工作不是变得比较不重要，也不是变得比较重要，而是不同的情况，其重要性各不相同罢了。首席执行官不是要避免发号施令，而是要知道应该什么时候下命令，应该什么时候以伙伴的态度对待别人。我可以向你保证，财务目标的重要性不会降低，恰恰相反，人口结构告诉我们，财务目标会变得更重要，但你必须知道，如何把财务目标同建立与维持企业的需求整合为一。

［1997］

2

第二部分

商　机

MANAGING IN THE
NEXT SOCIETY

第 7 章
创业者与创新

第 8 章
他们是人,不是雇员

第 9 章
金融服务:不创新就灭亡

第 10 章
超越资本主义

第 7 章 | CHAPTER 7

创业者与创新

这篇专访由 *Inc.* 杂志总编辑乔治·金德伦负责撰稿,采访地点是德鲁克在加州克莱蒙特的办公室。本文是德鲁克根据一些特定主题和采访人的撰稿自行编辑而成的,文章刊载于1996年 *Inc.* 杂志的特刊中。

您认为美国人是创业精神的最好实践者吗?在这点上,我们是不是遥遥领先于其他国家?

当然不是。这根本是一种错觉,很危险的错觉!我们连第二名都够不上。美国新企业的数目和破产的新企业的数目也许可以说是世界第一,但仅此而已。

那么,谁是第一名呢?

当然是韩国了。韩国在40年前还没有工业。日本人在统治韩国的几十年中,不允许韩国拥有工业,也不允许韩国人接受高等教育,所以当时的韩国实际上没有受过教育的人。朝鲜战争结束时,韩国遭到了彻底的毁坏。但是现在,韩国有20多个世界级的产业,而且在造船和某些其他领域上,保持着领先地位。

如果韩国是第一,美国又不是第二,那谁是第二呢?

是中国台湾地区,它和韩国相差无几。中国台湾地区在 1950 年和韩国一样也处于前工业时期,而今它在包括芯片等在内的一些高科技领域上,已经是世界的领头羊。不要忘记中国人,他们在太平洋的两岸一直不断地创业。

好吧,那么我们作为第三名也还是挺难能可贵的,不是吗?

美国在这方面还不如日本和德国。日本拥有比我们更多的世界级企业,而这些企业 40 年前要么还不存在,要么就还只是家庭工厂,像索尼、本田、雅马哈、京瓷、松下等。

德国从第二次世界大战的灰烬中崛起,到今天成为世界第三大经济体,人均产品出口总额居世界第一,这完全要归功于创业精神的遍地开花,这使得成百上千的新旧作坊,变成了世界级的制造商和产业领头羊。

德国贝塔斯曼传媒集团就是一个很好的例子。该集团是世界上最大的传媒公司之一,现在 40 个国家经营着业务。但在 1946 年,当公司创办人的曾孙莱因哈德·莫恩刚从战俘营里被放出来的时候,贝塔斯曼还只是小镇上的一个图书出版商,专门出版宗教小册子。

您刚才说,美国的创业精神世界领先只是一种错觉,而且很危险,原因何在呢?

我们这种创业精神的优越感根本就是个错误,不仅如此,这种优越感还会让我们产生自以为是的情绪,这种情绪是很危险的。这种情形跟 20 世纪 70 年代初我们对管理的自以为是并无二致。当时我们相信美国的管理是最棒的,日本人围着我们转,想学习大规模生产和客户服务的管理经验。

我担心我们对自己的创业精神和创新的自满情绪,会让我们重蹈覆辙,不仅被日本人打败,也会被韩国人打败。

为什么会这样呢?

在美国,我们大多数人仍认为创业精神只是有些好的点子,而创新大多是技术层面的研发工作。其实,我们知道创业精神是一种训练,一种相当严格的训练;创新不是技术层面而是经济层面的工作。创业精神造就了新企业,这并不是什么新闻。事实上,这就是爱迪生在一个多世纪以前成功的原因。但我认为,美国企业除了少数公司,例如默克公司、英特尔公司和花旗银行等以外,其他公司似乎仍认为创新只是"灵光乍现",而不是有系统、有组织的严格训练。

日本人所做的是一种有组织的创新,韩国人也是。他们将那些最聪明的人组织起来,系统地应用创新训练来识别商机,并将其发展成新企业。

这种训练有什么关键要素吗?

创新需要我们有系统地识别业务中已经发生的变化,包括人口、价值观、技术或科学的变化,然后把这些变化当成机会。除此之外,最难的一点是:现有企业必须学会抛弃昨天,而不是维护昨天。

四大创业陷阱

新企业开创的初期满怀雄心壮志,这些企业一般在前一两年表现极为优异,然后突然陷入严重困境,就算今后它们能够生存下去,也会留下永久难以磨灭的创伤。那么，创业者有什么常犯但其实又可以避免的错误呢？

有四点是新创企业常犯的错误，我将这些错误归结为创业的四大陷阱，其实这四个错误都是可以预见、可以避免的。

第一个问题是，新企业一旦发现自己的新产品或服务并没有在自己想象的地方获得成功，而是在完全不同的市场中获得成功，就必须接受现实。很多企业之所以最后破产，是因为企业创办人固执地认为自己比市场还了解市场。

这样说来，创业者其实已经成功了，但是自己却并不自知？

不，比这个还糟糕：他根本就是排斥成功。你需要例子吗？有成千上万个例子，其中最著名的发生在100多年前。

有一个叫约翰·韦斯利·海厄特的人发明了滚珠轴承，他认定这种东西最适合用在铁路货运列车的车轴上。当时铁路传统的做法是将浸了油的破布塞在车轮里，以减小摩擦，它们习惯了使用破布条子，根本不准备进行如此巨大的变革。海厄特没能说服铁路使用新产品，他破产了。

后来，创立通用汽车公司的阿尔弗雷德·斯隆在19世纪90年代中期以优异成绩毕业于麻省理工学院后，要求父亲替他买下了海厄特已经破产的公司。斯隆和海厄特不同，他乐于将新产品的用途扩大，结果滚珠轴承在汽车上的使用效果非常理想，那时汽车才刚在市场上出现。两年后，斯隆的生意蒸蒸日上。而此后的20年间，亨利·福特一直是他最大的客户。

真是个好例子！但是拒绝成功真的这么常见吗？

我要说的是，大多数成功的新发明或新产品不会像产品设计当初想的那样在既定的市场里获得成功。这是我一而再，再而三看到的事情。新古柯碱是德国化学家阿尔弗雷德·艾因霍恩在1905年发明的，原先是计划用在大手术中，但它并不适用，倒是牙科医师更喜欢使用这个产品。这位发明家却设法阻止这种使用，因为他不希望这个产品被用在钻牙这么"平凡的用途"上。艾因霍恩一直到死都在世界各地奔走，宣传新古柯碱用做手术麻醉剂的好处。

还有一个最近的例子。我知道有家公司的创办人，设计了一种能提高医院运营效率的软件，他绝对肯定每家医院都需要这种软件。但医院告诉他，医院的组织架构与他想象的不同，结果他连一套都卖不出去。之后由于一次意外的巧合，一个小城市突然发现这软件正好是他们需要的东西，于是订单开始从全国各地的中型城市蜂拥而来，而他却拒绝了这些订单。

创业者为什么拒绝意外的成功？

因为这点不在他们的计划之内，创业者认为自己完全掌控大局，这就要讲到我们所说的第二个陷阱：创业者认为，在新企业中，利润最重要，但其实，利润是第二重要的事情，现金流量才是最重要的。

一个成长的躯体需要营养，一个正在成长的企业则需要很多现金。你必须不断投资，才能保持损益平衡，这是原先早就该预料到的，现金周转不灵的情况根本就是可以避免的。企业创办人来见我时，总是告诉我他们的业务进展得多么顺利，而我只告诉他们，现在应该为下一次筹资做准备。光是这样，我就不知道救了多少家新企业。你如果有半年到一年的时间来安排融资，通常一定会得到融资，而且条件甚优。

为什么创业者这么不容易理解现金流量的观念？

不只是他们不理解，沃伦·巴菲特曾说过，如果他想知道一家公司表现如何，他不会听证券分析师的话，因为证券分析师只会讨论无关紧要的"利润"；他只会听银行信用分析师的话，因为银行信用分析师重视现金流量。在我收到的股市时讯杂志中，我还没有看到有哪本杂志，讨论新企业的资金流动性和财务状况问题，这些杂志只谈利润率和获利能力。

怎么会这样呢？这是我们商学教育的结果吗？

不是的，因为一般商人都对财务一窍不通。

那么，假设企业从此注意现金流量，克服了现金周转危机，而且迅速成长，超出预期，那么紧跟其后的第三个陷阱又是什么呢？

企业开始成长后，企业的创办人会忙得不可开交，迅速成长会对企业造成巨大的压力，它会超出你的生产能力和管理能力。

创业者渐渐忙不过来，要看销售报表，又要看利润预测报表。这些东西会让他觉得，再过一年，他就可以把公司卖掉，并赚到1000万美元，但他却看不到公司的现有规模，已经大大超出了他的管理能力。

我和这些创业者在一起合作50年了，知道发生这种事是很平常的，80%的企业都会这样。即使你的企业以正常的速度成长，不是每隔半年就翻三番，而是以极为稳健、可以持续发展的速度成长，这种管理危机也会在第四年年底出现。

这是当企业的成长超出其管理能力的时候发生的吗？

是的，一开始，创办人凡事都亲力亲为，虽然他有助手，但是没有同事。然后突然之间，一切都出了问题，品质失去控制，顾客不付款，交货期限延误。

每家新企业都会犯错，而且犯很多错。在成长到超出管理能力这方面，有什么迹象是创业者不可忽略的呢？

我总是问我的顾客这样一个问题，以考察他们对待机遇的态度："假设有位顾客说，'如果你能做10 000个某种产品，我就把订单给你'。你认为这是负担还是机会呢？"如果他们回答："当然是机会，但我会担心，因为这同时也是一个额外的负担。"我就会说："看到没有，朋友，你已经成长到超出自己的管理能力了？"

为了避免危机的发生，你应该静下心来，建立一个管理团队。等你大概有40个手下的时候，你就得开始评估他们，看看谁有管理能力，你把其中四五个有管理能力的人叫进来（不可能再多了），对他们说："我希望你们每个人在下周末独自坐下来，想想这里的其他人，包括我在内，不要想你自己，只想想其他人，想想他们每个人最擅长什么。"然后你们一起坐下来，拿出一张白纸，列出公司的关键业务，今天我们把这叫作"建立公司的核心竞争力"。

年轻的创业者一般无法高薪聘请管理团队。经常出现的情况是，你看到在公司里，汤姆做客户服务做得不错，于是你可能也让他管理公司事务，让他在职责以外承担起额外的管理工作长达数月或数年之久，或是配给他一位助手，但汤姆负责的工作其实是客户服务。另外，还有简，她是生产部门的负责人，但是她也很擅长处理人际关系，于是你的生产部门主管同时又兼任你的人事主管。

你们开始每个月开一次会，会议可能设在星期六，于是，在一年内你就能拥有一个管理团队。建立一个管理团队至少需要一年，通常是一年半的时间。

真的像团队一样开始合作吗？

是的。但要明确一点：虽然你团队里的乔很难共事，但他正好是我们需要的财务人员。另外，团队里的汤姆变成了一位一流的市场销售经理，但是他当客户经理不行，汤姆可能是你最好的员工，但他还不够好。

对企业的创始人而言，做出这个决定很难，尤其是如果汤姆在企业创立伊始就来到公司的话，就更难。

对，但是如果你提前一年半就建立管理团队，汤姆就知道自己该知难而退了。你不能等到一切都失去控制时，才这么做。

那么第四个陷阱是什么？

第四个陷阱最难避免，它通常发生在企业已经很成功，创业者开始把自己看得比企业还重要的时候。好比说，这个创业者14年来如一日，每天工作18小时，如今创造了年营业额达6000万美元的公司，还有一个运作顺畅的管理团队。现在他会自问："我想要做什么？我的角色是什么？"这些都是错误的问题，如果你开始问这种问题，你最后必然会毁掉自己，也毁掉自己的企业。

那么，应该问什么问题呢？

首先，你应该问："公司这个阶段需要什么？"然后，下一个问题是："我具备这些能力吗？"

你必须开始寻找什么才是企业最需要的，这时企业外面的人可以提供很大的帮助。

多年以来，有大约100位处在这个阶段的人来找我，我问他们，为什么来找我，多数人告诉我，他们的太太说他们已经什么事情都做不好了，说他们正在毁掉自己、家庭和事业。或者也许，这是他们聪明的女儿跟他们说的话，但如果是儿子这样说，企业创始人就会勃然大怒，并把儿子扫地出门，他们会想："我儿子是不是想夺权了？想把我赶出去？"只有他们的太太或聪明的女儿可以这么说。

有时，公司外部的股东、会计师或律师会说这样的话。通常要有人让这位公司创始人明白，并去面对自己已不再乐在其中的严重事实，他得知道自己的心思没有放在应该做的事情上。

您认为今天的公司创始人会比较聪明，可以避免您刚才说的这些陷阱吗？

不会。

不会？经过这么多教育，并且获得这么多MBA学位也没有用吗？

没有用，教育无法赐给你经验或智慧。

大企业能够培养创业精神吗

20世纪80年代，我们常常听到"企业内创业"这种说法，但它似乎是一时的流行，现在热潮已经消失。那么，大企业真的能培养创业精神吗？

当然可能了。很多公司都这么做，甚至有许多中型公司更擅长这么做，但这一点和大多数书籍中说的"创业精神"不同。在我们这个时代之前，西方历史上有一次规模很大的创业时期，大概是在第一次世界大战前60年。大部分书籍的灵感，都来自这个时期。我们所有的重要组织机构，包括我们现在的公司，都是在这段时期里创建并成形的。

这个时期是从 1851 年的伦敦万国工业产品大博览会开始，它同时也开启了第二次工业革命。其间，英国的威廉·珀金发明了第一种苯胺染料，开启了现代化学工业。

这 10 年间，德国的沃纳·冯·西门子发明了第一个电动马达，开创了现代电气工业；这 10 年间，赛勒斯·麦考密克发明了收割机，开创了机械化农业；这 10 年间，世界第一条横贯大西洋的海底电缆铺设完毕，横越大西洋的定期轮船航渡也开始运营；这 10 年间，英国的贝西默发明了炼钢的新方法，法国的佩雷尔兄弟创立了莫比里尔信贷公司（Credit Mobilier），开创了现代金融业。

从这个时期到 1914 年，人类每隔 14 个月，就会出现一项重大发明，每种发明都衍生出了一种新的产业。

那个时期的创新与今天的有何不同呢？

当时所有新产业都处于一种真空状态。美国铁路公司成立前，还没有任何大公司存在过，那时不存在任何竞争，铁路公司也没有取代任何企业，不会有任何混乱现象发生。但今天的世界充满了各种各样的组织机构，许多有 100 多年历史的大机构无法生存下去，我们处于混沌的状态之中。

这对我们所讲的大公司的创业精神而言，意味着什么呢？

大公司必须学会创新，否则无法继续生存。对某些公司来说，这意味着必须重塑自我。大公司应该逐渐通过联盟和合资等方式来壮大自己。但是，没有多少大公司知道如何来管理这种联盟，它们习惯发号施令，不善于和伙伴合作，这与联盟完全是两码事。在联盟或合资方式中，你必须问自己："我们的伙伴想要什么？我们共同的价值观和目标是什么？"对那些在通用电气或花旗银行的环境中成长起来、现在已爬到顶尖或接近顶尖位置的人而言，这些问题难以启齿。

创新也表示要改变你的产品和服务，紧跟变化迅速的市场需求。看看银行的变化好了，今天美国只有少数几家大银行能在传统业务中赢利，比如商业信贷或存款业务。大部分的银行是靠经营信用卡业务、自动取款机业务、外汇交易和销售共同基金业务赚钱的。大公司若想继续生存，就必须创新。

但是大公司能培养创业精神吗？

它们必须这么做，才能补救它们在学习跟伙伴和盟友合作的过程中所碰到的困难。它们现在该怎么做呢？就是在内部设立一个小组，让这个小组采用与其他部门不同的做法。这个小组越成功，公司越无法确定是否能以衡量公司其他部门的标准去期待这个小组。

如果是新创企业，那么无论是在公司内还是公司外，它都还只是一个小孩，你带6岁大的小孩去远足时，不会叫他背20公斤的背包。

有没有什么公司内部创业成功的例子？

有些公司善于改进原有的事物，日本人把这种情形叫作"改善"。有些公司善于扩充原有的事物，还有一些公司善于创新。每家大公司都必须能同时做好"改善、扩充和创新"这三件事。我不知道有哪家大公司能同时做到这三点，但它们都在学习。

社会创业的崛起

您能总结一下您对社会创业的看法吗？

首先，社会创业和经济创业同等重要，说不定还更重要些。美国虽然经济很健全，社会却很不健康，因此，我们最迫切需要的可能是社会创新精神，例如在医疗保健、教育、城市管理等方面的创新精神。幸运的是，我们已经有足够多的成功事例，所以我们知道社会创业是可以成功的，也知道如何去做。

有什么例子吗？

你必须从小的事情开始，"万灵丹"是永远没有的，克林顿总统的医疗保健改革计划的问题就出在这里。如今我们在全美各地试行医疗保健，从这当中，一个全新的美国医疗保健制度的轮廓就被勾勒出来了。我们现在仍谈论一个雄心勃勃的全国性教育改革的"万灵丹"，但在很多地方学校，比如公立学校、教会学校和私立学校，采用地方性的创新做法，获得了成功。我们知道美国大众，尤其是年轻的、受过教育的双薪家庭，都乐于支持社会事业的创新，尤其乐于当义工。

您曾说过，越来越多的社区工作改由地方机构来负责，这些机构有营利机构，也有非营利机构。为什么有这么多小型的非营利机构"严重管理不善"？

因为它们误以为好的愿望就可以推动事业这块巨石，但其实只有推土机才能推动巨石。当然也有一些例外。

我在1990年协助创立了一家致力于推动非营利事业管理的基金会，我们的档案中有1000多件成功的案例，大部分都是地区性的小机构成功的案例，除了它们以外，没有其他机构能成功。我们今年把年度创新奖颁给雨林联合会，这个联合会找出了一种拯救雨林的方法，同时提高了香蕉种植园主的产量和收益，而这些种植园主原来曾是雨林的最大敌人。今年年度创新奖的第二名得主也是在社会事业方面有所创新的人。

这些人是社会创业者,不是商业创业者。社会创业者是改善社会的运作效率的,我们显然需要这些人的存在,否则过去的30年里,就不会有80万个非营利机构成立。

过去的慈善事业只是开支票捐钱,而今天越来越多的成功人士认为,这样做并不够,他们寻找的是与其工作相辅相成的事业,却不是第二职业,也很少有人因此而换工作。

您说过,我们即将面临一段重大创新时期。如今我们有这么多私人企业都想参与到社会事业创业之中,您是否认为,未来出现的社会事业的创新,将会比过去很长一段时间内我们所看到的都要多?

当然,这是毫无疑问的。

但是很多企业人士并不信任非营利机构,他们认为这些机构很不专业。

他们这种想法有对也有错。对的地方是,管理不善或毫无管理的非营利机构实在太多了;他们错的地方则是,非营利机构并不是企业,应该以不同的方式经营。

用什么方式呢?

非营利机构需要更多而不是更少的管理,因为这些机构并没有盈亏平衡点来衡量其绩效。非营利机构的使命和"产品"必须清晰地定义出来,并需要持续不断地进行绩效评估,大部分非营利机构都必须学习如何吸引和维系义工,而义工的满意度是用责任和成就来衡量的,而不是薪水。

您对政府的创新和创业精神有什么看法?

这点很可能是我们面临的最大挑战。在所有主要的西方发达国家里，几乎没有一个政府还能真正发挥其应有的作用，无论是美国、英国、德国、法国还是日本的政府都得不到其公民的尊敬和信任。

每个国家都呼吁加强领导，但这种呼吁是错的。因为，一旦碰到全面失灵现象，问题就不在于人，而是在于制度。

现代政府已约有400年的历史了，它需要创新。如今的国家和现代政府是在16世纪快要结束的时候发明的，这是历史上最成功的发明之一，它在200年内就席卷了全球。

然而，现在是重新思考政府和国家功能的时候了，同时需要思考的还有主导过去60年的经济理论。未来25年里，最需要创业精神和创新的领域是政府，而不是企业或非营利机构。

[1996]

第8章 | CHAPTER 8

他们是人，不是雇员

　　世界上最大的非政府雇主，瑞士的阿第克公司（Adecco），每个工作日都会派遣 70 万名员工，以"临时人员"的身份到世界各地的企业工作，光是派驻美国的人员就高达 25 万人。虽然阿第克公司算是这一行业的巨子，但在整个"员工派遣"市场中，也只占很小的份额。光是美国，就有大约 7000 家人才派遣公司，每天合计派驻大约 250 万名员工，全世界这种派驻员工即使没有 1000 万人，也有 800 万人，其中 70% 的"临时人员"是全职人员。

　　人员派遣行业大约在 50 年前就出现了，当时人员派遣公司一般主要提供低级岗位的职员，来替代公司中临时生病或休假的记账员、接待员、接线生或速记员。而今，人才派遣业提供各式各样、不同职位的人才，甚至包括临时首席执行官。举个例子，有家人才派遣公司供应生产经理，负责建立新工厂，其工作从工厂设计开始，一直到可以满负荷生产为止。另一家人才派遣公司则派遣技术高超的医师，例如麻醉护士等。

　　还有一个跟人才派遣相关的行业，但发展态势却截然不同。20 世纪 90 年代，美国成长最快的服务是"专业雇主组织"（professional employer organization），现在至少有 1800 家这类公司，它们还组织了行业协会，叫"全国专业雇主组织联合会"，并发行自己的月刊《专业雇主》(The PeoEmp Journal)。这些公司管理其客户的员工以及雇用关系。10 年前，几乎没有人听说过这类公司，而现在，它们一跃成为美国大约 250 万～300 万员工的"共同雇主"，这些员工包括蓝领和白领员工。

  专业雇主组织也像人才派遣公司一样，近年来规模急速扩大。第一批专业雇主组织出现在 20 世纪 80 年代，当时只提供簿记服务，特别是为客户发放工资。如今的专业雇主组织负责提供全套雇用关系和员工管理服务，包括档案存放、依法雇用、培训、调动、晋升、解聘和裁员、退休计划和退休金给付。这些公司最初负责的范围只限于小公司的雇用关系服务，其中最著名的应数总部设在加州欧文的埃克斯特公司（Exult）。这家公司在 1997 年创立时，目标就是要成为《财富》500 强企业的共同雇主，该公司的顾客包括隶属于英国石油公司的阿莫科公司及其全球的分支机构，也包括美国的优利系统公司和天纳克汽车工业公司。埃克斯特公司已在纳斯达克公开上市，公司在 2001 年第二季度的营业额已从 4350 万美元，上升到 6430 万美元。另一家专业雇主公司创业时，原本只是要服务于员工低于 20 人的小企业，为这些企业发放工资，如今则准备接下某个大州 12 万员工的管理。还有其他的大公司也纷纷踏入这一行，例如埃森哲公司（也就是原来的安达信管理顾问咨询公司）。

  但话又说回来，谁才是这些派遣人才的真正"老板"？如果专业雇主组织负责员工的招聘、解聘、调动以及晋升，企业的高管又起什么作用呢？现在英国石油公司旗下的阿莫科公司的员工，包括高级科学家在内,都由埃克斯特公司负责管理。我曾就这个问题问过阿莫科公司的一位高管,他的回答是:"埃克斯特公司知道,如果想继续维持我们的合同,就必须满足我和我同事的需求。虽说最终做出解聘或调动某个员工决策的是埃克斯特公司,但这是因为我建议他们这么做,或者与我深入讨论过。当然,我也知道,埃克斯特公司对我、公司和员工都有义务——如果埃克斯特公司不能让员工满意,员工就会离开公司。因此,有一两次,埃克斯特公司主张调动某个我很想留住的员工,说这样对该员工最好,而且就长期意义而言,可能对公司也最好,我就让步了。"

人才派遣业和专业雇主组织都发展得非常迅猛。阿第克公司的年增长率为15%,专业雇主组织的成长更快,每年达30%,换句话说,每两年半就翻一番,预计到2005年,这一组织会成为1000万美国员工的共同雇主。

显然,在员工关系和员工管理方面,新的趋势已经出现,这种趋势并不符合管理书籍中的理论,也不符合我们在管理学院中所教授的知识,甚至不符合大多数组织(无论是企业、政府还是非营利机构)的人力资源部门原来的设计和所定义的功能。

繁文缛节、扼杀生机

人才派遣业之所以这么流行,人们认为主要是因为这样可以使公司拥有较大的灵活度。但是其实很多临时人员是为同一个公司长期工作,甚至年复一年地工作,因此灵活度这种解释并不能道出其根本。灵活度同时也不能被当作专业雇主组织出现的原因。比较合理的解释是,这两种形态的组织在法律上，都将为公司工作的人变成"非雇员"。人才派遣业稳定成长和专业雇主组织的出现，主要是因为公司在遵守政府劳动法规上的成本越来越沉重。

光是遵守政府法规的成本，就有可能扼杀小企业。根据美国小企业管理局的统计，1995年（这是最后一个有这种统计数据的年份），员工在500人以下的美国企业，每年光是花在为了遵守政府各项法律、法规文件以及税务方面的规定上的成本就高达人均5000美元，也就是说，1995年美国小企业中的每位员工的薪水、医疗、保险和退休金加起来，成本大约是22 500美元，另外还有25%的附加费用。1995年以后，跟劳资雇用关系相关的文书工作成本，估计每年至少提高10%。

利用临时人员取代过去的全职雇员，可以消除许多上述成本，这就是为什么有这么多公司跟人才派遣公司签约，虽然临时人员每小时的成本经常远远高于全职雇员的薪资福利成本。另一种降低这种作业成本的方法就是把员工关系外包出去，换句话说，就是让专家来负责那些繁文缛节的文书工作。美国小企业管理局的统计数据表明，只要找到足够多的小企业，把至少500名员工当成一个项目来管理，成本至少可以减少2/5，专业雇主组织就是这么做的。

不仅小企业为降低劳动力成本将员工关系外包，麦肯锡1997年的研究报告表明，《财富》500强企业，也就是那些非常大的公司，如果将员工关系外包，劳动力成本也可以减少25%～33%，麦肯锡的这份报告显然导致了埃克斯特公司在一年后的应运而生。

把员工和员工关系外包是一种国际趋势。虽然每个国家的劳动法令法规都大不相同，但在所有发达国家里，企业承担的这类劳动力成本都是很高的。阿第克公司最大的市场是在法国（美国次之），而它在日本每年的增长率为40%。埃克斯特公司2000年又在苏格兰开设了一个大型的员工管理中心，同时在伦敦和日内瓦，也设有员工管理事务所。

除了成本外，满足各种法规的要求对经营管理层的时间和精力也造成了沉重的负担。在1980～2000年的20年内，美国跟雇用有关的法规增加了60%，从38种增加到60种，所有法规都规定要提供书面报告，如果不遵照办理的话，即使是无心之失，也都可能遭到处罚。我们再根据美国小企业管理局的统计，小企业甚至中型企业的老板，花在跟雇用有关的文案工作上的时间足足占他所有时间的25%。还有，和雇用有关的诉讼在不断增加，1991～2000年，向公平就业机会委员会提出的性骚扰案件就增加了一倍以上，从原来的每年6883件增加到15 889件，而且每提出一次法律诉讼的同时，就至少有10多件是在公司内部私了的，每个案件都需要花相当长的时间调查和取证，还要付出昂贵的诉讼费。

难怪雇主，尤其是占大多数的小企业雇主怨声载道，抱怨自己没有时间改善产品和服务，没有时间处理顾客与市场、品质与流通渠道等工作，也就是他们的时间没有花在那些会有结果的事情上，反而把时间都用在处理跟雇用关系相关的事务上。雇主不再高唱"人是我们最宝贵的资产"，而是改口说"人是我们最大的负债"。人才派遣公司之所以会成功，专业雇主组织之所以会出现，就是因为他们可以让管理层将精力集中在公司的业务上。

顺便提一下，这个说法也可以被当作美墨边境混血工厂成功的原因。这些工厂设在靠近美国边界的墨西哥境内，在墨西哥内陆也在逐渐增加。它把在美国、远东或墨西哥生产的零件组装成成品，再输送到美国市场。事实上我认为，对制造业公司来说，之所以这么做的强烈动机是为了避免繁重的文案工作，而不是为了节省劳工成本。拥有混血工厂土地的墨西哥公司作为"共同雇主"，负责处理所有跟雇用关系及员工管理相关的事务（在墨西哥，员工事务跟在美国一样复杂），降低美国或日本工厂老板的负担，让他们可以专心从事公司业务。

我们没有理由相信，在所有发达国家中劳动雇用法律、法规和要求给公司带来的负担会减少。相反，不管美国多么迫切需要病人权利法案，这种法案都毫无疑问又会让雇主面对另外一个需要穷于应付的机构，另外一套文案报告工作以及另外一堆抱怨、争执和诉讼。

被分割了的组织

人才派遣业和专业雇主组织之所以会出现，除了是要消除劳动法规造成的昂贵成本，并可使公司更加专注于自身业务以外，还有一个重要原因——是知识工作的本质所决定的，进一步而言，就是知识工作者的高度专业化所致。大多数知识型大机构里，都有很多不同类型的专业工作者，对于一个组织而言，要有效管理这些知识员工是项艰巨的挑战，而人才派遣业和专业雇主组织却可以协助解决这个问题。

在不久以前的20世纪50年代，高达90%的劳动力是那种必须听命行事的下属，那些发号施令的主管则是"被豁免者"。多数"非被豁免者"都是蓝领工人，没什么技术，受过的教育也很少，通常在工厂或办公室里，做些简单重复性的工作。而今，蓝领工人只占不到1/5，知识工作者则占劳动力人口的2/5，也许他们有直接上级，但知识工作者不是"下属"，而是"伙伴"，在他们的专业知识领域中，理当由他们发号施令。另外，更重要的是，知识工作者并非同质性很高的人群，因为只有专业化的知识才是有成效的，在知识工作者成长最快的那个人群中更是如此，这个群体也是整体劳动力中成长最快的群体，他们包括电脑维修人员、律师专职助理、程序设计员及其他知识技能型专才。同时，由于知识工作的专业化，即使在大型组织中，知识工作也划分得极为清晰。

医院就是最好的例子，整体而言，医院是人类创造的最复杂的组织机构，在过去三四十年间，医院也是所有发达国家中成长最快的组织。一家中等规模、拥有275～300张病床的社区医院，应有大约3000名工作人员，其中接近半数都是某种专业的知识工作者，人数最多的是两大类，即护士和各类专科医师，各有好几百人。除此之外，还有约30种"专业医护人员"，包括物理理疗师、临床实验室人员、精神科医师、肿瘤疾病技师以及20多位术前准备人员，还有睡眠医疗中心人员、超音波技师、心脏病专家以及其他各种专业人员。

所有这些专业都有自己的法规、自己的教育体系和要求以及自己的专业资格认证方法。而在任何一家医院里，每种专业的人数都不多。一家有275张床位的医院，其营养师也不过七八位。这些专业人员都期望得到特别待遇，都希望，也需要有一个资深人士能了解他们在做些什么，需要什么设备，跟医师、护士、医务部门的关系应该如何处理。这些专业人员在个别医院里并没有什么晋升机会，他们不希望，也没有机会担任医院的管理人员。

目前很少有什么企业能像医院那样，拥有这么多的专业人员，不过两者的差别已经越来越小了。我所知道的一家连锁百货公司，现有十五六种不同类型的专业人员，而每家连锁店雇用的每一种专业人员，都只有少数几个。金融服务业的专业化也在日益加强，而且显然需要专注于某种专业，例如负责为公司顾客选择共同基金的人，本身并不销售这些基金，也不为这些基金提供服务。在这些机构中，专业知识人员晋升的机会变得越来越少，这些为公司的零售顾客选择共同基金的专业人员，并不会成为共同基金的销售人员，他们对于担任经理，也不会特别感兴趣，至多愿意管理一小组相似的专业人士。

美国医院已经用分块外包的方式，大致解决了专业化的问题。在很多医院（现在可能已经占大多数），不同专业都由不同的外包公司负责管理。例如，输血由专业输血公司管理，这种公司管理许多不同医院的输血部门，它们像专业雇主组织一样，是输血人员的共同雇主。在这个机构中，某些输血专家也有晋升机会，如果他们表现优异，还可以成为规模较大、待遇较好的医院输血部门经理，或是成为专业输血公司中管理好几个医院项目的负责人。

不论是大型人才派遣公司，还是专业雇主组织，都可以将医院里一些零打碎敲的工作进行通盘考虑，他们的每一个顾客，即使是最大的顾客，都缺乏能进行有效管理、配置和满足高度专业化的知识工作者的规模。而这就是专业雇主组织和人才派遣公司所能提供的东西。

因此，对雇主和受雇人员而言，人才派遣公司和专业雇主组织都提供了一个重要的功能，这就是专业雇主组织能够宣称而且也能证明，由他们担任共同雇主的雇员满意度都比较高的缘故——这其实完全违背了劳动关系理论曾做过的所有推测。中型化学公司的冶金专才待遇可能很优厚，工作可能很有意思，但公司只需要少数几位，而高层人员当中，又没有人了解冶金专才到底在做什么、应该做什么以及可以做什么。冶金专才并没有机会成为高级经理人，即使有，机会也很渺茫，况且，要成为高级经理人，就意味着要放弃多年学习和喜爱的工作。而一个经营有方的人才派遣公司却可以，也的确能将冶金专才配置在他们可以发挥最大贡献的地方，同时可以，也的确能将成功的冶金专才，配置在待遇越来越优厚的职位上。在专业雇主组织的一揽子服务合同中（很多专业雇主组织并不接受一揽子服务以外的合同），明白地规定专业雇主组织有义务和权利把人员配置在最合乎其专业的工作和公司里。在如何满足客户和被派遣人员的需求之间取得平衡，很可能是专业雇主组织最重要的工作。

企业还不了解这一现状

人力资源政策仍然认定，为一家公司工作的大部分人应是这家公司的员工，但我们已经看到事实并非如此。为公司工作的一部分人是派遣员工，另一些则是外包公司的员工，他们管理着公司电脑系统或呼叫中心，另外还有一些是年纪较大、已提前退休的兼职员工，但是他们仍然为公司做具体的专项工作。组织中劳动力的来源已变得多样化，我们再也不能像过去那样，把组织当作不可分割的整体来看待了。人力资源机构和专业雇主组织只关心自己的法定员工。人才派遣公司宣称，他们销售的是生产力，换句话说，是为客户提供细致入微的工作，但是，我们很难看出他们怎么能做到这一点。人才派遣公司和专业雇主组织提供的生产力是高是低，要看如何配置、管理和激励人员而定，但两者在这些方面都无法控制。

缺乏细致入微的工作是真正的问题所在，现有的组织都需要这样的员工管理，组织的责任就是全面审视组织依靠哪些员工的生产力和绩效。无论这些员工是派遣人才、临时人员、组织自身的员工，还是外包公司、供应商或是经销商的员工。

有迹象表明，我们正朝这个方向迈进。欧洲的一家跨国消费品生产商正准备把员工管理部门分离出去，成立一个独立的公司，作为这家母公司的全球专业雇主组织，负责管理和配置为这家跨国公司工作的人，而从法律的角度来讲，这些人不是跨国公司的员工。最后，这家内部的专业雇主组织会变成该公司供应商、经销商以及200多家合资企业与战略伙伴公司员工的共同雇主。日本电子消费产品巨头索尼公司正在尝试一项新计划，根据这项计划，应征该公司主要工厂工作的全职员工，必须先以阿第克公司临时人员的身份，为索尼公司工作10个月，而在这段时间，阿第克公司虽然是这位员工的法定雇主，但这位员工的人事则由索尼公司来负责管理。

竞争优势的关键

其实，今天的组织必须比50年前，更重视所有员工的健康和福祉。知识型劳动力素质与技能较低的劳动力素质是不同的，当然，现在知识工作者还是少数，也许永远如此。但知识工作者会迅速成为最大的单一团体。他们已经成为创造财富的主力，每家企业的成败，甚至存亡，将越来越靠这些知识型劳动力的绩效而定。根据统计法则，除了最小的组织之外，任何组织都不可能获得"比较好的人才"。在知识经济和社会中，组织要超越其他竞争者，唯一的方法就是从同样一批人身上，得到更多的东西，也就是说，要靠管理知识工作者，得到更高的生产力，意即我们的一句老话："让平凡的人做出不平凡的事业。"

让传统劳动力有生产力的保障是体制，无论是弗雷德里克·泰勒的"最好方法"、亨利·福特的流水生产线，还是爱德华·戴明的"全面质量管理"，这些体制本身都有知识含量。这些体制之所以具有生产力，是因为它使得每个员工不需要多少知识或技术就能完成工作。其实，在流水生产线上（在戴明的全面质量管理中也是一样），个别员工的技术太强，对其他同事和整个体制反倒是种威胁。然而，在知识型的组织中，让体制有生产力的却是个别员工的生产力。在传统劳动力中，员工为体制服务，但在知识型组织中，体制必须为员工服务。

现在已经有很多知识型的组织，足以证明我们以上所言。一所大学之所以能够成为杰出的大学，是因为它能吸引，更重要的是培养杰出的教师与学者，进而让他们取得杰出的教学与研究成果。歌剧院的情形也一样，在所有知识型组织中，最具代表性的组织要数交响乐团了，大约要有30种不同的乐器才能构成一个交响乐团，并协调一致地奏出相同的乐谱。一个优秀的交响乐团并不是由一群杰出的演奏家组成，而是由一群具有上佳表现的普通乐手组成。如果一位指挥家想要接手一个沉浮多年的交响乐团，并要扭转乾坤，那么这个新指挥通常不能解雇太多人，顶多只能解雇几位最吊儿郎当或最落伍的乐手，同时，他也不能聘请太多新乐手，他所要做的就是要提高他接手的这个乐团成员的生产力。一个成功的指挥家会跟个别乐手或个别部门密切合作，因为他们的"雇用关系"已成事实，几乎无法改变，但他们"人际关系"的好坏会使结果大不一样。

要强调知识工作者生产力的重要性很难，因为知识劳动力有个重要特征，就是知识工作者不是"劳工"，而是资本。而决定资本绩效高低的因素，不是资本的成本，也不是资本投入多少等问题，如果这么简单，苏联早就是世界上最强大的国家了，这里真正的决定性因素是资本的生产力。苏联经济之所以会崩溃，是因为其资本生产力低得出奇，经常不到市场经济中资本投入的 1/3，有时候甚至是负数（就像勃列日涅夫时代在农业上的庞大投资），其原因也很简单，因为没有人注意资本的生产力，没有人把这一点当成自己的责任，也没有人会因此而得到奖励。

在市场经济体制下，私人产业也给我们同样的教训。新兴产业可以靠创新获得并维持领导地位，而在传统产业中，处于领先地位的公司之所以与众不同，几乎都是因为资本的生产力高人一等。在 20 世纪初期，通用电气靠着科技和产品创新，长期与对手西屋公司以及欧洲的西门子公司竞争。但是到了 20 世纪 20 年代初期机电科技快速创新的时代结束后，通用电气转而开始注重资本的生产力，从而取得其明显的领先优势，并一直维持到现在。同样，西尔斯百货公司从 20 世纪 20 年代末到整个 20 世纪 60 年代，曾有过一段风光的岁月，靠的并不是商品或定价，因为在这两方面，西尔斯的对手如蒙哥马利·沃德公司等同行，都做得一样出色。西尔斯公司之所以能够领先于竞争对手，靠的是它可以从一美元中，赚到比其他零售商高出两倍的价值。知识型企业必须同样注重资本生产力，也就是要注重知识工作者的生产力。

解放经理人，让他们更关注人

人才派遣公司，尤其是专业雇主组织让经理人得以解放，可以把精力放在业务上，而不是放在与雇用有关的法规和文案工作上。将 1/4 的时间花在跟雇用相关的文案工作上，的确是在浪费宝贵而稀缺的资源，这种工作会让人厌烦、堕落与腐化，唯一能使大家从中学到的，是更精明的作假技巧。

因此，企业有充分理由去尝试摆脱那些雇用关系中一成不变的烦琐之事，但企业必须注意，无论是在内部把员工管理制度化，还是将这个责任外包，在这个过程中，不能伤害或破坏业已建立的人际关系。文案工作减少的主要好处之一，应该是让我们更有时间来处理人际关系。在这里，管理者必须学习那些优秀的大学系主任或成功的交响乐团指挥，发掘人员的潜力，并花时间培养他们。想要建立一个优秀的大学院系，你就得花时间和有前途的年轻博士后及助理教授在一起工作，直到他们在工作中有出色表现为止；想让交响乐团变成世界级的乐团，就需要重复演练同一部交响曲中的同一乐章，直到第一单簧管手的演奏符合指挥要求的水准为止；产业实验室的研究主管要成功，道理也在于此。这就是知识型企业要获得领先优势的唯一方法，即管理者必须花时间跟有前途的知识专才在一起工作，了解他们，也让他们了解你；同时还要培养他们，倾听他们，质疑和鼓励他们。这些人在法律上可能不再是组织的员工，但却仍是组织的资源和资本，也是组织绩效好坏的关键。雇用关系可以制度化，也的确应该制度化，这表明雇用关系可以独立操作，也的确应该独立操作，但这一切使得人际关系的重要性变得更为突出。如果将雇用关系外包，那么管理者就必须跟外包公司的管理者密切合作，处理好知识员工的职业发展、激励、满意度和生产力这一系列问题，因为知识员工的生产力会决定组织的生产力和绩效，或许，这就是从前面提及的英国石油公司旗下阿莫科公司的故事中得到的主要启示（虽然没有直接讲出来）。

250年前，一场工业革命造就了今天永久性的大型组织，棉纺厂和铁路是这些组织的先驱，这些组织虽然史无前例，却仍跟过去一样，是以体力劳动工作为基础的，无论这种体力劳动是农耕、生产制造、手工兑现支票还是人寿保险索赔登记工作。直到五六十年前，即使在最先进的发达国家，绝大多数的工作还都是体力工作。现在，知识工作和知识工作者出现了，并成为知识社会与知识经济的"资本"，这是一项重大的变化，可以跟工业革命造成的变化等量齐观，甚至可能造成更重大的影响。要应付这种情势，光靠一些新方案和新做法是不够的，我们需要的是新标准、新价值观、新目标和新政策。可以想象，这些东西需要很多年才能完备。虽然如此，现在还是有很多知识型组织成功的例子，这些例子足以让我们知道，知识型组织的员工管理有什么基本假设需要遵循。这个基本假设就是，雇员也许是我们最大的负债，但人却是我们最大的机会所在。

[2002]

第9章 | CHAPTER 9
金融服务：不创新就灭亡

伦敦在过去40年间喜获新生，重新恢复世界金融中心的地位，它的成功就像硅谷一样，令人啧啧称羡。今天的伦敦，力量和重要性可能不如从滑铁卢战役到第一次世界大战之间的100年，然而，伦敦金融区如今却靠着它的银行同业往来市场，成为世界银行体系的"中央银行"。它是全球最大的外汇市场，虽然许多中期融资贷款，例如购并融资所需的"临时贷款"有可能是在美国募集的，但是，其复杂的交易结构经常都是在伦敦拟定的，即使是在证券承销之类的长期融资方面，伦敦的地位也仅次于纽约。

可是在1960年，没有人能预见到伦敦会卷土重来，50年的日渐式微，伦敦的地位已经变得无足轻重了，甚至连伦敦金融业内的许多人也这么认为。

伦敦之所以能够起死回生，从某种程度上来说，是由于美国发生的两个重大事件所致，这两件大事都是在肯尼迪总统当政时发生的。古巴导弹危机时，俄罗斯国家银行担心自己在美国的账户遭到冻结，就将自己的外汇储备转到了伦敦。但是俄国人希望以美元的形式持有这些外汇，于是"欧洲美元"（Eurodollar）就这样诞生了。欧洲美元是一种跨国货币，形式是美元，但在伦敦储存。不久后，美国政府又愚蠢地对外国人起征储蓄利息惩罚税，这一举措摧毁了当时蓬勃发展的纽约外国债券市场，这个市场撤离了美国，从而催生了欧洲债券（Eurobond），这些债券大都以美元表示，但在伦敦储存和控制。

这两大事件只是创造了一个机会，而伦敦的银行家们，尤其是沃伯格银行则抓住了这个机会。沃伯格银行虽然是在20世纪30年代才由两位德国难民创立起来的，但它在1959年就开始参与各种购并案的融资活动，同时，它将企业融资业务带到了伦敦。而在过去75年里，这种企业融资业务一直都是美国人的专长（是由J. P. 摩根在19世纪80年代开创的）。

但是伦敦之所以能够浴火重生，恢复金融中心的地位，关键是因为它恢复了自己在19世纪曾有的类似地位，成为世界各国金融机构的总部。19世纪的伦敦金融区曾是早年德国移民内森·罗斯柴尔德的杰作，他在拿破仑战争之后发明了资本市场，通过在伦敦的债券承销和发行，并在伦敦证券交易所进行交易，融通了欧洲各国和新独立的拉丁美洲国家政府所需要的资金。很快，许多移民效仿他的做法，包括德国的施罗德、挪威的汉布斯、法国的拉扎德和美国的摩根等。

这些新来的人通常会成立英国公司，很多人也因此变成了英国人，他们和英国一些历史悠久的本土"商人银行"（例如由德国移民后裔于1770年创立的霸菱银行）合力在伦敦打造了真正的全球金融中心。

吸引这些移民的，不光是因为英国曾是19世纪最大的贸易国，更是由于伦敦很快就成为世界最先进的金融知识中心（正如沃尔特·白芝浩在他1873年写成的巨著《伦巴第街》中指出的那样）。这应归功于内森·罗斯柴尔德的发明和他留下来的宝贵遗产。罗斯柴尔德家族的五兄弟各自镇守在欧洲不同的金融中心，五个人中，内森为公司的首席执行官，兄弟几个协同一致密切合作，形成了早期的"企业内部互联网"，而其著名的信鸽就是那个时代的"电子邮件"，即使世事变幻无常，伦敦金融区仍是全球企业、金融与经济事务的知识中心，也正是这种超越国界的知识中心地位，在20世纪六七十年代，再度吸引全世界的"金融移民"来到伦敦。虽然从法律上而言，这些位于伦敦的金融公司是美国、瑞士、荷兰或德国母公司的全资子公司或分支机构，但在经济实务上，这些子公司通常是独立的，而且基本上拥有自主权，也就是所谓的"总部"。你在华尔街经常可以听到一种说法，无论是高盛还是花旗银行的纽约总公司，基本上都只专注于美国国内的业务，而公司的国际业务则主要由伦敦主导。

大 变 革

然而，伦敦的重获新生，只是过去40年金融服务业成功故事里的一个序曲。如今的金融服务其实是一种全新的产业，虽然很多大公司仍沿袭使用19世纪的名称来称呼这个行业，不过，1999年的高盛和1899年、1929年甚至1959年高盛的业务已大不相同了，摩根、美林、第一波士顿、花旗银行、通用金融或欧美其他任何一家大公司都是这样的。而这些公司甚至在1950年，都还只是国内企业。

我是在20世纪30年代中期从英国来到美国的。当时纽约最大的银行中，只有汉华实业和保证信托两家银行（这两家银行早在多年以前就被收购了）设有负责国外业务的高管人员，可他们甚至还不是真正的副总裁，这两位"助理国际事务副总裁"的唯一工作，就是为美国出口商发放信用证，并为进口商提供外币，除此之外的任何事都要交由在国外的"代理行"办理。

虽说当时也有少数金融机构在国外设有机构（如德意志银行以及花旗银行在南美的机构），但这些"分行"主要是用来服务本国客户的。20 世纪 50 年代初期，后来花旗银行旗下南美最大分行的行长告诉我："我们的首要工作就是为美国企业服务，就像美国运通为美国旅游者服务那样。"

而今，这些公司全都已经全球化了。它们跨越国界，无所不在，在全球所有主要的商业城市都可以看到这些公司的踪影，它们本身就是总部。它们如今的任务不再是为其母公司的国内顾客服务，而是各自在其所处国家里，成为当地国内和国际业务的大公司。

金融业务本身也同样出现了根本的变化。这些金融服务机构和 20 世纪 50 年代典型的金融业已经不同了，它们既不是商业银行，也不是投资银行；不是商人银行，也不是证券经纪公司。虽然有些金融机构仍然提供传统服务，但是很少还在努力推广这些业务。事实上，今天这些机构所提供的主要金融服务产品在不久以前还根本不存在，例如合并、购并与公司解散案的管理和融资——不论它是友善收购还是敌意收购，还有全球的设备融资租赁、制造业与商业公司全球扩张融资等。世界贸易与投资创造了庞大的外汇业务，而过去没有任何业务与这种业务有丝毫相似之处。

20 世纪 60 年代初期，随着伦敦的复兴，新兴的金融服务诞生了。

20世纪70年代以后，这种新金融服务业被推广到世界各地。不过，这个行业虽然大体而言非常成功，但若想在21世纪保持这种繁荣势头，就必须再度创新。推动新金融业成长的产品，是欧洲美元和欧洲债券，现在这些产品不能再维持新金融服务业的继续成长了，这些40年前的创新产品，现在已经变成"大陆货"了。这意味着，即使它们不是毫无利润，利润也会越来越薄，而且每一笔交易似乎都有很多人来竞争。夺得交易的公司虽然可能会赚很多钱，但是费用也会很高，当然，对于其他公司而言，就只有费用而已。因此越来越多的大公司收入（无论是美国、德国、荷兰还是瑞士的公司）不再源自为顾客提供服务所收取的费用，而是源自公司的自营交易，也就是用自己的资金操作股票、债券、金融衍生品、外汇与商品交易。

每家金融服务公司都必须做些自营交易，管理公司自身的资金已经变成每个公司的例行公事，目的是尽量降低风险，也就是弥补公司资产与到期债务之间的缺口。除此之外，公司从自营交易中可以赚到一些应有利润，风险也很小，因为可以利用公司所掌握的市场知识。但是，若公司把自营交易变成公司主要营业活动，这种操作就不再是"交易"，而变成了"赌博"，不管赌客多么聪明，概率法则不仅会让赌客把赢来的钱全部输回去，还会输掉很多其他的钱。

主要的金融机构已经发生这种情况了，现在几乎每家大公司都在申报庞大的"交易损失"。损失有时大得造成公司倒闭，这种事情已经屡见不鲜。霸菱银行就是个例子，霸菱银行曾是最古老、最受尊敬的伦敦私人银行，而如今，它已成为荷兰某金融集团的一部分。同样的交易损失也迫使纽约银行家信托公司把自己卖给了德意志银行，而在不久前，纽约银行家信托公司还是最受尊敬的国际银行之一。很多日本金融巨擘在庞大的交易损失后（例如，铜商品投机发生惊人亏损的住友商社）之所以还能生存下来，完全是靠日本政府和企业联手救助，但即使是这种联手救助，有时也还是无力回天，日本四大证券商之一的山一证券就是一例。

在所有这些交易损失个案中，公司的管理层都宣称，他们对这种赌博一无所知，是从事这种赌博的交易员违反了公司的规定。但我要说的是，首先，巧合总是有限度的，违反规定的情形这么普遍，不能全都归咎于"例外"，而只能表明系统本身失灵。而且，每一件"作弊丑闻"中，只要交易能够产生利润，或至少假装能够产生利润，管理层都会视而不见，只要亏损不会变得太大，到无法遮掩的地步，从事赌博交易的员工就是公司的英雄，而且可以获得很高的报酬。

除非有人为这个行业提供的服务买单，也就是说，外部的顾客和客户购买这个行业的服务，否则，这个行业是无法生存下去的，更不用说欣欣向荣了。金融从业者在从事自营交易时，他所谓的顾客是同样从事自营交易活动的其他金融公司，因此那是一种"零和游戏"，一家公司获利，代表另外一家公司亏损，而且没有第三方支付双方的费用。

目前，金融业还能在一个地方得到真正的发展，就是日本。日本的金融体系大致仍维持在1950年以前的状态，可以说是完完全全过时了。如今，日本慢慢允许外国人进入日本市场，提供现代金融服务，而且一旦这些外国人进入，他们（主要是美国人，也有德国人、法国人和英国人）都能迅速成功，并成为金融市场的领导者，比如，成为东京外汇交易市场的核心主力。同样，外国公司也逐渐获准为日本退休基金和保险公司在日本以外的其他国家进行投资，而且或许很快就能获准成为日本退休基金的管理者。美国的美林公司由于买下了山一证券，现在可以同时为日本的个人和机构投资者服务。

就目前金融服务业的状况而言，日本是最后一个让人振奋的地方。未来几年内，随着远远落后于美国的欧洲与亚洲同业的加速改革，现有金融服务产品的需求量可能会加大。但即便如此，业界的利润也不可能恢复到从前的水准，传统的产品和服务已经出现太久了，精通这种产品和服务的人才与企业如今都供过于求，不同的金融服务公司能够提供的产品和服务的同质化倾向越来越强，顾客也感觉到了这一点，并开始逐步寻找最有利可图的产品。

创新的时代

金融服务陷入困境的原因很简单，30年来，世界上最主要的几家金融服务机构都没有做出任何创新。

1950～1970年的20年里，金融创新接踵而至，欧洲美元和欧洲债券只是其中两种，机构投资人又是另一种创新。1950年，第一个现代退休金基金——通用汽车基金创立了，同时也标志着机构投资人的出现，并引发真正的退休基金热潮，也将当时仍处在金融圈外围的共同基金，变成核心金融机构。几年之内，这个热潮催生了第一家专门为新机构投资者服务的公司，也就是纽约帝杰公司。几乎同时，后来担任美国驻法大使的费利克斯·罗哈廷，为私人银行家定义了一个新的角色——收购，尤其是敌意收购案的发起人和管理者。

20 世纪 60 年代，人们还发明了信用卡。如今信用卡无所不在，已成为"法定货币"，在发达国家中尤为如此。而商业银行之所以能继续生存，大致上也是依靠信用卡。其实商业银行大部分的传统商业贷款业务，早已被新的金融服务机构吸收了。还有两种创新，都是沃尔特·里斯顿（生于 1919 年）在 1967 年接任花旗银行董事长之后推出的。这两种创新几乎一夜之间就将花旗银行改头换面：从一家拥有多个外国分支机构的美国银行，变成一家拥有多个总部的全球性银行。他曾说过："银行业不是和金钱有关的行业，而是和信息有关的行业。"这句话，几年以后成为金融服务业的真知灼见，我则把它称为金融服务业的"事业理论"。

从那时候起，又过了整整 30 年，而唯一的创新就是所谓"科学"的金融衍生品。但设计这些金融工具的目的，不是为客户提供服务，而是要让交易员在从事投机交易时得到更高的利润，同时降低风险。事实上，金融衍生品根本行不通，因为它违背了基本的风险法则。其实，这些工具与那些好赌成性的赌徒为了击败蒙特卡罗或拉斯维加斯的赌场，而专门设计的"科学"方法别无二致，很多交易员已经发现这一点。除此之外，金融服务业只有一些小小的进步，就是将过去已经做得相当好的事情做得更好一点。于是，业界的产品纷纷变成了大众产品，利润越来越薄，销售成本却越来越高。

我们的经济理论和经验当然都可以预测到这一点。事实上，金融服务业的发展轨迹，正是两种经典创新理论教科书上的典型例子。一个是法国经济学家萨伊在 1803 年出版的巨著《政治经济学概论》，一个是奥地利裔美国人约瑟夫·熊彼特在 1912 年的巨著《经济发展理论》中提到的。

萨伊解释了为何在工业革命的初期，采用新发明的多轴纺织机和使用蒸汽机为动力的棉纺厂建多少都不算多，而且所有棉纺厂的利润都非常丰厚。他认为这种发明在开始时因为需求很大，因此会自行创造并产生供不应求的局面。因此在工业革命初期，工厂的数目越多，所有工厂越能创造更高的利润。而熊彼特则在一个多世纪之后，提出了这种现象不可能长久延续下去的原因，很简单，"创新者的利润"很高，会马上吸引很多模仿者，即使之后的需求仍然很大，这个产业也会从销售高利润产品与服务的行业，变成销售无利润的大宗商品的行业。

金融服务业现在只有三条可行之路：最容易、通常也是最多人走的一条路，就是继续做一些从前行得通的事。然而，这条路如今日渐衰微，但或许还可以继续生存下去，毕竟现在还是有很多"棉纺厂"。但是，无论这条路上的从业者多么努力，都免不了走下坡路的趋势。

第二条路则是整个产业被外来者和后起之秀的创新所取代，这就是熊彼特所说的"创造性破坏"。35年前，老伦敦金融市场就发生了这样一幕。20世纪五六十年代，除了罗斯柴尔德和施罗德公司以外，其他所有主要的金融公司，包括沃伯格银行在内，都不再掌控在英国人手里，所有这些公司都变成了美国、荷兰、瑞士、德国和法国——这些外国公司的子公司。

对今天的金融服务业而言，第一条路绝对行不通。因为世界的变化太大了，无论是社会、经济、科技和政治的变化，都太大了，一个老病缠身的行业根本不可能在这些变化里独善其身。从这些挣扎求存的大公司，尤其是从那些偏爱做自营交易而忽略自己原有正常业务的大公司手中，只要夺取一部分利润丰厚的业务，就有太多钱可以赚了。在如今的网络和电子商务时代，外来者只要能够推出真正与众不同的新东西，就很容易进入这个行业。

第二条路，也就是在很短的时间内被外来的创新公司所取代，这是今天的金融公司可能遭遇的命运。当然还有第三条路，也是最后的一条出路，即自行创新，成为自我的"创造性的破坏者"。

高利润的金融服务商机并不少，事实上，利润最大、获利最高的商机根本无须创新，只需要勤奋的工作。因为机会就潜藏在人口统计学当中，也就是在那些发达国家和新兴发展中国家，针对快速增长的不断老龄化的富裕中产阶级，提供不同的金融服务。这些人不是"富翁"，因此对于传统的金融公司而言，并不是有吸引力的顾客。然而，虽然他们个别购买力相当小，每年每个家庭很少超过3万～5万美元，但他们的投资金额加总起来，就是世上所有"超级富豪"，包括那些石油生产国的酋长、印尼王侯和电脑软件亿万富翁的所有财产加起来的好多倍。

30年前，爱德华·琼斯发现了这个市场，当时他在密苏里州的圣路易斯开设一家毫无名气的地方小经纪公司。琼斯发现这个市场后，决定放弃其他业务，专门服务于个别的中产阶级投资者，包括小企业主、中层经理人和成功的专业人士等，凡是不适合这个顾客群的产品都不销售。如今，爱德华·琼斯公司是美国大型的金融公司，而且一直获利丰厚。该公司的扩张证明了这个市场并不局限在美国。几年前，这家公司在伦敦附近的小城市开设办事处，虽然公司没什么名气，但对企业、投资和顾客而言，公司采用的运营方针却很新颖，即使到现在也还是很新颖，所以立刻得到了热烈的响应。

在每一个发达国家和新兴发展中国家，爱德华·琼斯公司服务的顾客，都是成长最快的人群。除了北美，还包括欧洲所有国家、拉丁美洲人口最密集的国家、日本和韩国，也包括中国的几个主要都市，其人口接近世界人口的一半。

到了 21 世纪，这个市场可能取代人寿保险，成为世界最大的金融"大众市场"。18 和 19 世纪，人寿保险由于为人们提供财务保障以防范高死亡率的风险，而一跃成为 19 世纪最大的金融行业，并在世界各地的获利成长历时 150 多年，直至 1914 年。而为人们提供财务保障以防范低死亡率风险的行业，很可能成为 21 世纪获利最高的金融业。

还有一个尚未成熟的市场，就是担任中型企业的"外包"财务经理。除了日本和韩国外，中型企业是所有发达国家，同时也是新兴发展中国家的主力军，无论是在拉美还是中国台湾地区都是如此。德国经济的骨干是 8 万家中型企业，同样，这些中型企业也是美国、法国、荷兰、意大利、巴西和阿根廷经济的骨干。

就产品、科技、市场和顾客服务而言，中型企业通常都拥有其必要的经济规模。但是在财务管理上，很多中型企业，而且可能是大多数中型企业，都没有足以支持其规模的财务管理能力。它们的资本生产力通常都低得可怜，不是现金太少，就是现金太多。越来越多的中型企业委托外面的公司来进行数据处理、信息系统、保洁、日常人事管理甚至产品研发工作。不知道多久以后，这些中型企业会将自己的资金委托外界公司进行管理呢？

资金委托管理的工具已经研发出来了，比如 EVA（经济附加值分析法）、现金流量预测和现金流量管理等，因此这些公司财务管理的需求是可以预测的。全球不同公司的各种财务管理需求只分成有限的几大类，那些经验丰富的商业银行，都很清楚该怎么做。建立一家专门针对中型企业提供财务管理服务的公司，其回报应该相当可观，它不光可以赚取管理费用，同时也可以通过将顾客财务需求"证券化"，带来相当丰厚的利润。所谓的"证券化"就是把财务需求转变成投资产品，对于不断老龄化的中产阶级"小额"投资者而言，这种产品应该具有特别的吸引力。

新金融服务的潜在商机还有一个，就是保障企业对抗重大外汇损失的金融工具，意即把外汇风险变成正常的营运成本加上一笔企业可以承担的固定保险费，这笔保险费用不超过公司外汇风险的3%～5%，这种工具一半是保险，一半是投资。同样，创造这种工具所需要的大部分知识，也已经发展完备，包括决定所需抽样规模与风险组合的精算概念、风险管理的知识以及识别高风险货币的经济知识与数据资料等都已完备。

这种需求十分迫切，而且多数来自中型企业。数量惊人的中型企业突然发现，自己身陷混乱的全球化经济中，除了那些超大型企业能幸免于难之外，没有一家企业能够独立与这种风险抗争，只有汇集众人的力量，用概率压倒风险才是可行之道。同样，这种金融服务公司，应该也能够把自己的投资组合"证券化"，从而为新的金融零售市场，创造具有吸引力的投资工具。

以上只是一些例子，除了那个为富裕老人服务的零售市场是业已存在的以外，其他都还只是空中楼阁。然而，如果这些业务都发展出来的话，那么对于现有金融服务机构将会造成相当巨大的冲击。例如，中型企业的财务管理外包服务，或许会在一夜之间，把通用金融服务公司之流的大部分获利最高的业务一扫而空。可怕的外汇风险如果能够保险，同样能使现有金融机构的大部分外汇业务成为过去，更不要说那些狂热的外汇和衍生金融商品的投机交易了。

中产阶级投资市场在被人忽视了整整25年以后，一些传统的美国金融服务机构已开始逐步意识到这个市场的存在和重要性。美林公司就已开始积极打入这个市场，当然，这能不能成功，还有待观察。因为就像许多其他零售业务一样，要想在这个市场获得成功，需要全身心的投入。而美林公司采取的是兼容并蓄的方法：在为这个特定的细分市场提供金融服务的同时，也提供其他很多非常传统的金融服务。

这个特定的市场毕竟已经存在30年了，但在这个市场之外，没有任何迹象显示，有哪家大型全球金融服务公司正在尝试这种潜力庞大的新业务，或者尝试任何可能是创新的东西。这些新业务需要长年耐心、尽责的勤奋工作，恐怕这与目前主要大型金融服务公司的交易员心态不符。但是很可能在某个地方，已经有某个人正在研究这类新金融业务。几乎可以肯定的是，这种业务一旦推出，将会取代今天的金融服务，或者让这些服务变得毫无利润可言。

对现有的大型金融服务公司来说，现在重新创新可能还不算太晚，不过确实已经很晚了。

[1999]

CHAPTER 10 | 第 10 章

超越资本主义

> 这篇专访由《新观察季刊》(New Perspectives Quarterly) 总编内森·加德尔负责撰稿。采访地点是德鲁克在加州克莱蒙特的办公室。本文是德鲁克根据特定的主题和采访者的问题自行编辑并写成最后的文字,刊载于1998年《新观察季刊》春季刊上。

最近,一些资本主义最热情的鼓吹者,像您和金融家乔治·索罗斯,开始对资本主义发出严厉的批判。

这是为什么呢?

我主张的是自由市场经济。虽然自由市场运作得并不是太好,但其他根本行不通。其实,我对资本主义制度有很多保留意见,因为这种制度对经济顶礼膜拜,把经济当成一切的目的、生命的终极目标,这太片面了。

例如,我经常告诫管理者,薪资比率的极限是 20∶1,如果他们不想怨声载道,公司士气低落的话,就不能超越这个极限。20 世纪 30 年代,我就曾担心工业革命造成的严重不平等会使人们陷入绝望,从而使法西斯主义之流乘虚而入，不幸的是被我言中了。

而今天，我认为管理者为自己牟取暴利，却解雇员工，无论从社会上还是从道义上都是不可原谅的。整个社会将因忽视中层管理者和员工之间的歧异，而付出沉重的代价。

简而言之，资本主义的经济理念没能完整地体现人类存在的多重意义。这么短视的制度却支配着人生的方方面面，这对任何社会而言，都不是一件好事。

至于市场方面，资本主义理论本身有一些严重的缺陷。

首先，资本主义理论假设只有一个同质性的市场，而现实中，我们却有3个相互重叠的市场，也就是国际货币与信息市场、国内市场以及地区市场，这3个市场彼此互不往来。

而跨国经济中流通的资金，大部分当然也只是虚拟的资金。

伦敦的银行同业拆借市场每天的交易量，以美元计算，超过全世界一年经济交易所需要的资金量。

这些都是没有效用的资金，它们也没有任何购买力，不可能赢得任何回报。这完全是投机性的资金，以赚取一个百分点最后1/64的利润为目的。它们到处流窜，很容易造成恐慌。

此外，还有一块很大的国民经济，没有包括在国际商业中。美国的经济活动中，大约有24%属于国际贸易，而日本只有8%。

另外还有一种地区性经济。我家附近的医院，医疗质量很高，也很有竞争力，但是，这家医院对40英里外的任何一家洛杉矶医院都不能构成竞争。在美国，医院有效的市场范围大约是10英里，这个原因恐怕连经济学家也解释不清，这是因为，大家都希望住在离生病的母亲较近的地方。

与此同时，推动市场的驱动力已经改变，20世纪的经济重心已经转移。19世纪时，钢铁和蒸汽机是经济的重心，有供给，就有需求。然而，大萧条以后，情形已经完全转变：在传统产品中，都必须先有需求，然后才有供给，无论是住宅建筑还是汽车制造都是如此；然而今日的电子和信息领域并非如此，电子和信息会刺激市场需求。

除了对市场的界定以外，一个真正更深层次的问题是：市场理论是基于对均衡的假设，而这种假设已经无法适应变化，更不用说创新了。

其实，正如熊彼特早在1911年就指出的，经济活动一直处于"动态的不均衡"状态中，这种不均衡是由创造性破坏造成的，新市场、新产品和新需求被创造出来后，旧的就被淘汰了。

因此，市场的结果不能用资本主义理论预测的方式来解释。市场其实是无法预测的一个体系，具有天生的不稳定性。既然市场不能预测，你的行为就不能以市场为基础，就一个与人类行为紧密相关的理论而言，这无疑是一个相当严重的缺陷。

我们所能说的是，最终，任何长期的均衡都是对市场信息做出众多短期调整的结果。

这就是市场的力量。市场规范短期行为，它通过价格给你反馈，阻止你像亚瑟王的骑士一样，向所有方向前进，徒然浪费时间和资源。

旧观念告诉我们，如果你骑马的时间够长，你总会碰到些什么东西。而市场告诉我们，如果你五个星期内没有碰到任何东西，你最好改变路线，或改做别的事情。

除了规范短期行为以外，市场毫无用处可言。我曾出席过一些大公司的规划会议，这超出了我的研究范围。基本上来说，规划是一种信念。当财务总监问："这个项目的回报是多少？"他总是这样问，而唯一的回答就是："10年后我们才知道。"

很多年前，您在文章中提到，养老基金掌控了美国的经济，您称这种现象为"没有资本家的资本主义"，在这种体制下，养老基金掌握着生产工具。

今天，共同基金的迅速增长，使得51%以上的美国人拥有股票，财富进一步分散。

我们是否已经处于大众资本主义或后资本主义时代？

称其为"后资本主义"是因为我们现在不知道该如何称呼这个时代。

你也不能称其为经济民主化，因为社会并没有随着这种大众拥有的所有权，而出现一种有组织的治理形式。

不过，可以肯定的是，这是历史上从来没有出现过的全新现象。

我的园丁不是个有钱人，但是他每星期从我家后门走过的时候，把我留给他的《华尔街日报》"货币市场"那一版报纸拿走，好作为他股票投资的指南。

我有一个朋友，在当地一个有200万客户的金融服务公司工作，他最近告诉我，他管理的共同基金里，平均每个投资人的投资金额已经从每年10 000美元，增加到25 000美元。

也许如今资本家已变得无关紧要了。在早期崇拜富人的时代，总会有人强烈呼吁，不是说"我们需要富人提供资本"，就是说"富人只是在剥削我们"。你现在再也听不到这两种说法了。

J. P. 摩根以前对美国经济至关重要。在他的巅峰时期，其拥有的流动资金，足以满足美国长达4个月的资金需求。

经过通货膨胀的调整，摩根所拥有的资产，可能只有不到比尔·盖茨今日资产的1/3。一个人拥有这么庞大的财富，是自中国的成吉思汗时代以来从没见过的事情。可是，盖茨的400亿美元财产，如今也只够满足美国不到1天的经济活动需要的资金。

盖茨之所以重要，是因为他建立的微软公司和我们使用的软件。若单纯以财富而论，他根本无足轻重。他如何使用或挥霍自己的财富，对美国经济毫无影响，因为那只是美国经济的九牛一毛而已。

今天，真正对美国经济产生影响的财富，掌控在几千万个小投资者手中。

历史上，国家社会主义无法创造财富，也不能有效提供社会服务；资本主义却又忽视了生命其他层面的意义，只注重经济交换。如您所说市场只有短期作用，那么，社会长期要如何管理呢？

我们现在知道社会应由三个部门构成，而非两个部门。除了政府和企业以外，还需要第三个部门，也就是非营利机构。

我相信，在社会主义和市场经济之外，确实应有另一个合乎实际的选择，也就是将养老金和共同基金所造成的经济所有权分散现象和非营利性质的"第三部门"结合在一起，以满足所有的社区需求，比如医疗保健以及学生辅导等。

我有一些共和党的朋友，认为我们不能没有政府，这种想法虽然十分愚昧，却还是可以理解的。因为战后我们的信念就是，政府可以满足社区的所有需求。

但是，我们已经知道政府像所有的工具一样，只是擅长做某些事，但对其他事情却并不在行。例如，在共同防御以及通过征税筹集基础设施建设所需的财力方面，政府是很在行的。

不过，如果我想修剪指甲，那用锤子来修剪肯定是不行的。同样，把解决社区需求的希望寄托在政府身上，也是不行的。国家只能做在国家这个层面上必须做的事。国家不能拿地方社区来做实验，国家所做的事也不适合地方社区的实际情况。

政府一般用标准的方法去界定问题，然后固守单一的解决方案。但是在圣路易斯行得通的方法，通常在堪萨斯都不能奏效，更不用说在纽约或洛杉矶了。

而市场呢？其唯一的动机就是追求利润，当然根本不会有兴趣或能力来解决社会问题。

大家都认为我主要是企业的管理咨询顾问，但50年来，我其实花了很多时间担任非营利组织的咨询顾问。15年前，在美国国税局登记的免税非营利机构只有30万个，包括一些著名团体，像美国心脏协会和美国肺脏协会。而如今，非营利机构已经超过了100万个。

我也协助成立了一个基金会，推动非营利机构的管理，由美国女童子军原首席执行官领导。我的构想很简单，非营利机构不是管理不善，而是根本没有管理，因为没有市场力量去规范它们，它们需要明确的使命，并以最终成果为导向。

我们的基金会碰到的问题之一，就是来自世界各地，如日本、巴西、阿根廷和波兰的规模极为庞大的需求。这些国家迫切需要设立社会部门，从设立养老院、受虐妇女庇护所，到在巴塔哥尼亚高原之类的地方推行农民种植教育等应有尽有。

为什么社会部门在日本发展得很快，日本社区力量不是挺强大的吗？

日本如今的状况是：第一，传统的社区结构正在解体；第二，受过教育的妇女工作几年辞职生子，等到小孩开始上学，这些妇女的生活就变得很无聊。

日本有什么社会问题？在日本，55岁以上的人就好像被扔进了垃圾堆，即使你很可能再活上30年也是如此。因此老人组织各式各样的俱乐部，从运动到插花艺术应有尽有，目的就是使自己充实起来。

日本新社会团体中，最成功的一个，从事的活动反倒最不具日本特色：为不能出门的老人送餐。

年轻人不再照顾老人，而政府却很反对为老人送餐的计划，因为这表示政府必须承认自己国家的老人生活得不好，的确，这有损日本的名誉，不过却是事实。

对青少年和学龄儿童上下学接送的需求也庞大之至，此外，监督他们做功课，为学业差的学生辅导，也同样有庞大的需求。

日本以外的人似乎都不知道，虽然20%的日本学生表现优秀，其他学生却被人遗忘了，而社会团体正在努力帮助这些孩子。

日本还有为妇女举办的英语会话和阅读班。这些妇女在高中或工作时学了一些英文，她们希望能继续学习英文，如今有185 000个这类培训班，连小城镇都有。

日本甚至还有匿名戒酒协会，我不知道这个协会的规模如今发展得有多大了，但有一阵子看起来，日本每一个领薪水的男人似乎都应该成为其会员。

不过，美国的社会问题就更大更多了，单靠志愿组织根本无法解决

所有问题，是吗？

也不尽然。志愿组织活动的规模的确十分惊人，超过 50% 的美国人每周至少在某个志愿组织、教会或社区里做 4 小时的义工。

为了解决社区问题，他们想出了很多极富创意的点子。这些年来，我积累了一条很重要的经验：解决社会问题的榜样作用非常重要，因为其他人可以效仿。

为此，德鲁克基金会每年都会给一个志愿组织颁奖，以表彰其榜样作用，以便别人可以效仿。

有一年，我们给一个很小的社团颁奖，这个社团是由一位移民创办的，他将境遇最差、最没有生产力、接受社会救济的母亲和一些有严重残障的儿童聚集在一起。这样，残障儿童就有人照顾，久而久之，那些母亲具备了全职工作的资格，并得到很好的待遇。这样，就解决了两类社区问题。

我们还表彰了圣路易斯一个由路德教主办的项目。他们发现自己的教区里大约 2/5 无家可归的人，大部分是家庭，他们只要很少的外界帮助就能自立。

因此，这个教堂做的第一件事情，就是了解这些无处栖身的家庭最迫切需要的是什么？答案是自尊。

于是他们购置了荒废的房子，找来志愿者重新装修，把房子变成舒适的中产阶级之家，并让无家可归的家庭搬进去住，这件事本身就改变了这些家庭对生活的看法。后来，指定的教友会成员又帮助这些家庭支付日常生活所需要的费用，同时帮他们找工作。最后，这个项目中大约 80% 的家庭，可以永远摆脱任何形式的救助。

另外还有一些组织，例如女童子军组织，参加人数也达到了新的高峰。几年前，他们的志愿者人数降到大约50万人，而今天，已经增加到大约90万人。

过去这些志愿者经常是在家无所事事的中产阶级家庭主妇，如今，新的志愿者则常是推迟生育的职业女性，她们在男性环境里工作整整一周后，周末喜欢和小女孩在一起。

在过去25年中的大部分时间里，我跟快速成长的美国新教超大教会（Protestant megachurches）合作。我相信，这是今天世界上最重要的社会现象之一，他们的宗旨是让社区活跃起来，鼓励大家采取行动，改善别人的生活，在生活中实践他们的信仰。

从某些方面来说，传统的教会可能正在消亡，但从另一个角度而言，教会则正在转型。

以美国天主教会为例。教皇约翰·保罗二世在为美国天主教会安排保守派主教一事上一直非常小心谨慎，因为美国天主教会的情势让他感到害怕。怕的倒不是神学问题、神父结婚或是妇女担任圣职，而是担心教区的活动越来越世俗化，完全脱离了主教的控制，而且越来越有蔚然成风的趋势。

我知道中西部有一个比较大的教区，过去有700位神父，现在只剩下不到250位，几乎已经没有修女了，但有2500个世俗女性，每个教区还有一名世俗管理人员，也是女性。

神父所做的只是主持弥撒和分发圣餐，妇女完全以志愿者身份，负责其他事情，比起有女辅祭的日子，差别实在太大了。

和其他国家相比，包括西方国家，为什么美国有这么庞大且有活力

的第三部门？

其他国家非营利机构活动的规模远远不如美国，因为从根本而言，这些国家的现代公务员制破坏了社区部门。

在法国，在社区里做任何事几乎都是犯罪。维多利亚时代的英国，拥有相当庞大的志愿部门，处理贫困、犯罪、娼妓和居住问题，但是到了20世纪，福利国家几乎把这个部门摧毁了。

在欧洲，其根本的斗争是把国家从教会的控制中摆脱出来，这也是欧洲大陆有这么源远流长的反教权传统的原因。

美国的情形正好相反，1740年前后，乔纳森·爱德华兹提出政教分离，就是要把教会从国家统治中独立出来，反教权主义在美国根本没有生存空间。

因为有了这种自由，美国才有了宗教的多元化和非政府教会的传统。而且正因为宗教的多元化，不同的教派之间才有竞争，因为各派都要拉新的教徒入教。这种竞争构建了社区参与的传统，而其他国家则没有这种社区参与的传统。

除了杰弗逊设立的弗吉尼亚大学之外，在1833年欧柏林学院设立以前，所有的美国大学都隶属各大教派。

论 日 本

日本是亚洲最强大的国家，但日本从本质而言是一个欧洲国家，更糟糕的是，日本是传统的19世纪欧洲国家，这就是日本今天会陷入停滞状态的缘故。

日本就好比我父亲那个时代的奥地利，或像全盛时期的法国，仍旧是个由公务员官僚体系治理的国家，政客无足轻重，其能力令人怀疑。政客能力不足或腐败是预料之中的事情，但是，如果连公务员都腐败或能力不足，就是最可怕的事情了。如今的日本就陷于这种可怕之中。

日本就像德国或法国之类的国家一样，由高级公务员负责监督管理经济的某个部门，通常在 55 岁时退休，并成为他曾管制过的企业的董事，或担任这个部门同业协会的领导人，薪水十分丰厚。

只是日本的组织性更强一些，官僚始终忠于自己所属的部门，捍卫本部门的利益不受侵犯。以财务省为例，官僚甚至不惜以国家经济衰落为代价。之后，他会被本部门安排担任待遇优厚的行业"顾问"。

日本工业的效率与竞争力极高的说法完全是无稽之谈。日本的经济仍然以最低的比率——大约 8% 在国际经济中竞争，其中主要是汽车与电子工业。

因此，日本缺乏世界经济经验，其大部分产业受到保护，效率极低。

如果日本开放它的造纸工业，允许进口，那么日本三大造纸公司就会在 48 小时之内消失。

每次日本一开放金融服务业，就会被美国人和其他外国人占先，日本的外汇业务完全掌握在外国公司手中。

要担任外汇交易员，你至少得精通两国语言。你必须会说英语，因为日内瓦没有多少人说日语。

当日本人在资产管理方面打开一个小小的缺口时，100% 的业务就会在短短 6 个月里被外国公司全部占领，因为日本训练有素的资产管理经理人很少。

每当我看今天的日本银行，就好像看到第一次世界大战后我父亲在奥地利管理的银行：4个人做着一个人就能干完的活儿，直到1923年，他们仍然不相信打字机，仍然没有计算器。

虽然银行极度没有效率，人浮于事，但它仍然能够获利，因为奥匈帝国的很多工匠不在乎付5%的利息给银行。他们在别的地方没有任何信用可言，不可能得到贷款。

后来，世界发生了变化，奥匈帝国解体，贷款变成坏账，顾客不再借钱了。银行虽然已经人浮于事，却还必须接收从布拉格或克拉科遣返的员工，银行于是被这些管理费用逐渐蚕食，不再盈利。

这就是今天的日本。

日本有一种从1890年就沿袭下来的传统，即企业必须从一些指定的大学接收大学毕业生。直到两年前，企业在业务衰退时，仍会继续接收新人。他们还担心遭到除名，不再被列入可以接收大学毕业生的企业名单中。

我知道有一家公司虽然业务萎缩，但还是从6所大学雇用了280位新人。

新人整天无所事事，到了晚上，就跟上司出去喝得醉醺醺的。这是工作吗？

如何使一个像19世纪欧洲国家一样的日本在21世纪中变得具有超强竞争力呢？

虽然有上述的种种情形，你也不要低估日本人，因为他们拥有难以置信的能力，能够在一夜之间来个180度大转弯。由于日本传统上没有什么同情心，这些变化造成的感情创伤一定十分严重。

400年来，没有一个欧洲以外的国家，能够像日本一样拥有这么高水准的国际贸易。但日本却在1637年采取闭关锁国政策，6个月内他们完全改头换面，造成的混乱也是难以想象的。

1867年的明治维新，日本人又重新开放——又是一夜之间完成的。

1945年显然又是不同的情形，他们刚刚战败。

大约在10年前美元贬值时，日本人不失时机地将制造业搬出日本，在亚洲其他比较便宜的地方设立厂房，跟海外华人建立合作关系，并在中国取得制造业领导地位。

日本很善于剧变。只要日本人获得共识，改变就会极为迅速。

我猜想，需要一次重大的丑闻案才能促成这种剧变，银行倒闭也许足以提供这种动力。到目前为止，日本人迟迟不愿解决其脆弱的金融体制问题，仍然希望问题会自然消失，或逐步解决。但是，随着时间流逝，这种事情看起来是不可能发生的。

就总体而言，您认为目前遍及亚洲的危机会导致全球化进程的崩溃，还是由于需要外资，而加速全球化进程的实现？

身处危机却想继续经济自由化的进程实属妄想，这不仅对亚洲，对全球都是如此。别忘了，与长期的渐进式改善相比，经济自由化代表立即的混乱。

看看今天的法国。110年来，工会总迷信只要降低每周工作时数，就会创造更多就业机会。但所有试行过的地方都没有奏效，它只会使失业恶化，而且不会创造任何新的就业机会。

20世纪20年代大萧条的所有经验都验证了一个不幸的事实：在失业的压力下，国家不会开放，只会关闭。

如果大规模生产的工业革命导致了20世纪的经济大萧条和战争，成为造成20世纪混乱的罪魁，那么未来知识革命导致的科技人才失业，会不会也成为造成21世纪混乱的根本原因呢？

我看不出有什么证据证明这种情形会出现。电脑出现之后，我们曾担心的自动化带来的失业效应并没有应验。

在微软和英特尔的故乡美国，失业率降到几十年来的最低水平。反倒是欧洲有极高的失业率，因为欧洲没有充分把信息技术整合到社会中去，也没有调整僵化的劳动力市场，以适应知识时代需求的灵活模式。

那么，您认为21世纪的"基本混乱"是什么？

是人口结构的挑战。在所有发达国家里，人人都在探讨的人口老龄化倒不是一个大问题，年轻人口的萎缩才是大问题。

美国每位育龄妇女平均生育2.2个婴儿，是唯一有足够婴儿可以替代老龄化人口的发达国家，但这是因为我们有很多的外来移民，每个拉美移民家庭有4个小孩是非常正常的事情。

[1998]

3

第三部分

变化中的世界经济

MANAGING IN THE
NEXT SOCIETY

第 11 章
伟大机构的崛起

第 12 章
全球化经济与民族国家

第 13 章
社会优先

第 14 章
城市的文明进程

第 11 章 | CHAPTER 11

伟大机构的崛起

上一个千年,西方社会的历史若要用一句话来概括,而又不过于简单的话,那就是:多元主义的兴起、衰退和再兴起。

到公元 1000 年,西方,也就是地中海以北和希腊正教以西的欧洲,已经发展为具有崭新、独特的文明和社会,后来,我们称之为封建主义。而封建主义的核心就是世界上第一个战争机器——那些骑马打仗、身穿沉重盔甲的骑士,但他们也并非是所向披靡的。骑士之所以能穿着盔甲在马上作战,都应归功于马镫。马镫大约于公元 600 年在中亚被发明,早在公元第一个千年前很久,马镫就风靡了整个旧世界,当时所有地方的人骑马时,都备有马镫。

但是旧世界的其他文明,包括伊斯兰国家、印度、中国和日本,都拒绝了马镫带来的可能性:骑马作战。原因是,虽然骑马作战具有其强大的军事优势,但马背上披着盔甲的骑士是一个独立自主的权力中心,完全不受中央政府控制。每一个这样的作战机器,必须包括 1 名骑士、3～5 匹马和马夫,加上伤亡率很高,所以还需要配备 5 名以上的随从(他们在沙场上锻炼,以便日后成为骑士);而高昂的盔甲则相当于 100 户农家的经济产出,也就是差不多 500 人的产出。所以支持骑士这种作战单位所需的资源，大概是支持装备最好的专业步兵，比如罗马军团或日本武士所需资源的 50 倍。

控制封地

骑士对其领地，拥有全面的政治、经济和社会控制力。很快，中世纪西方社会的世俗领地和宗教领地都变成独立的权力中心，只是表面上臣服于中央权威，诸如教皇或国王，但决不进贡任何东西，也不缴税。

这种独立的权力中心有男爵与伯爵、主教与极为富有的修道院、自由城邦和手工业者同业公会等，几十年后，还包括早先的大学和大大小小的垄断专卖。

公元 1066 年，法国的"征服者威廉"（William the Conqueror）在征服了英国后，把封建主义带到了英国，西方从此彻底多元化了。每个团体都在不断地争取更多的自主权和权力，也就是从政治和社会上控制领地里的每一个人，控制领地成员取得特权的通道，推行自己的司法制度，拥有自己的作战部队与铸币权等。到公元 1200 年，这些"特殊利益团体"除了夺取中央政权外，几乎掌控一切，每个团体只追求自己的目标，只关心如何聚敛自己的财富和扩大自己的力量，没有人关心共同利益，已经完全丧失制定社会政策的能力。

13 世纪宗教界开始了反多元化的活动。起初的力量很薄弱，在法国里昂的两次理事会中，罗马教皇都设法重新夺回对主教与修道院的控制权。最后于 16 世纪中叶在英国的特伦特会议中，教皇终于取得了控制权，但这时的教皇和天主教会已经将英格兰和北欧拱手让给了新教。世俗社会的反多元化活动比宗教界晚了将近100年。公元1350年，威尔士人发明的长弓经英国人完善后，摧毁了骑士在战场上的优势。几年后，中国人用来制作爆竹的火药被用到军事上并制成了大炮，彻底摧毁了骑士固若金汤的城堡。

此后的500多年，西方的历史就是民族国家作为最高统治者发展的历史，即民族国家成为社会唯一的权力中心。这个发展过程相当缓慢，因为根深蒂固的"特殊利益团体"的抗拒势力非常强大。直至1648年，在终止欧洲30年战争的《威斯特伐利亚和约》中，才废止了私人军队，民族国家取得唯一拥有军队与作战的权力。多元制度逐步丧失自主权。拿破仑战争结束前后，民族国家在欧洲已经取得全面胜利，连神职人员都变成公务员，受国家控制，由国家支付薪水，臣服于最高统治者之下，不管这个最高统治者是国王还是议会。

唯一的例外是美国，多元主义生存下来，这主要应归功于美国独一无二的宗教多元化。不过即使在美国，以宗教为基础的多元主义，也因政教分离的缘故，而被剥夺了权力。在美国，所有以宗教为基础的政党或运动，从来都只能吸引少之又少的政治支持，这点和欧洲大陆有很大的不同，这也绝非偶然。

到19世纪中叶，许多社会与政治理论家，包括黑格尔以及英、美自由派政治哲学家，都骄傲地宣称多元主义已经消亡，再也无法卷土重来。然而，就在这个时刻，多元主义重现生机，第一个获得庞大权力与自主权的组织就是新企业。新企业在1860～1870年兴起时，几乎可以说毫无先例可循。随后迅速出现众多的其他机构，到如今，新机构的数量已经很多，它们包括工会、终生雇用的公务员、医院、大学等，每个机构都要求实质性的自主权和社会控制权,每个机构都像800年前的多元机构一样,是"特殊利益团体",每个机构都需要,同时也在争取自主权。

没有一个机构关心共同利益。想想大权在握的工会领袖约翰·刘易斯说的话吧,当罗斯福总统请求他取消煤矿工人罢工,以免削弱美国的战争实力时,刘易斯说:"美国总统领薪水,目的就是要照顾国家利益;而我领薪水,目的就是要照顾煤矿工人的利益。"这是很直率的话。今天每一个"特殊利益团体"的领袖都相信这个道理,而且相信其选民付钱给他们的目的就是要他们这样做。就像800年前的情形一样,这种新的多元主义已然威胁到所有发达国家政策制定的能力以及社会凝聚力。

然而,今天的社会多元主义和800年前已有本质的不同。从前的多元机构,例如身穿盔甲的骑士、自由城邦、同业公会或"被豁免的"主教辖区,都是以财产和权力为基础的。而今天自治的组织,包括企业、工会、大学和医院,则是以功能为基础的,这些组织创造绩效的能力源自其专注于单一的功能。

必要的自主权

组织如今履行的大部分任务,过去还被认为应由家庭来完成。家庭负责教育家庭成员、照顾老弱病残、为需要工作的成员找到工作。但是,只要粗略浏览一下19世纪的家信或家族史就可以知道,家庭其实并没有做好以上任何一件事情。这些任务只能由真正自主、独立于社区或国家之外的机构完成。

下一个千年的挑战,或者说下一世纪的挑战(毕竟我们活不了1000年),是保持这些机构的自主性,在某些情况下,我们既要保持跨国公司跨越国家主权的自主性,同时还要让国家至少在和平时期恢复政策的一致性。我们希望能做到这一点,可是到目前为止,没有人知道该怎么做。但我们知道,这需要一种比今天的多元主义更没有前例可循的东西:每个机构都愿意且有能力继续专注于自己有限特定的功能,同时又愿意且能够为了共同利益与政府合作。

这是发达国家在第二个千年里,留给第三个千年的艰巨挑战。

[2000]

CHAPTER 12 | 第 12 章

全球化经济与民族国家

真正的幸存者

大约35年前,世界经济全球化的说法尚未开始流行,大家就普遍预言了民族国家的消亡。其实,200年来,一些最杰出、睿智的人物就预言过民族国家的消亡。首先康德在1795年的论文"永久和平"(Perpetual Peace)中曾做过这种预测;接着卡尔·马克思在"国家的消亡"(Withering Away of the State)这篇文章中亦有提及;到20世纪五六十年代,罗素在其演说中也有如此表达。最近提及国家消亡的是《主权个人》(The Sovereign Individual)一书的作者,该书的作者之一是《时代》(Times)杂志前任主编、现任英国广播公司副董事长威廉·里斯-莫格爵士,另一位作者则是英国全国纳税人联盟理事长戴尔·戴维森。里斯-莫格和戴维森主张,除了最低收入人群之外,互联网会让所有人的避税变得极为简单,且毫无风险可言。因此主权国家必然变得多元化,民族国家将因财政枯竭而死亡。

民族国家虽然有这么多缺点,却展现出惊人的顺应时代的能力。虽然捷克斯洛伐克和南斯拉夫因情势变化而消失,但土耳其,同样是一个历史上从未有过的国家，如今却成为运作顺畅的民族国家。以前的印度除了在外国殖民统治时期是统一的以外，一直是个分裂的国家，如今也都紧紧结合成民族国家。每个脱离19世纪殖民帝国的国家都自行建国，成为民族国家。至少到目前为止，还没有任何机构能像国家一样，可以从事政治整合，将自己变成世界政治舞台上的有效成员。因此，民族国家大概会经历经济全球化以及随之而来的信息革命，继续存活下去。但是，民族国家会有很大的改变，尤其是在国内的财政和货币政策、对外经济政策以及对跨国公司的管制方面会有根本的改变。另外，在民族国家发动战争方面，也可能有重大的转变。

民族国家的沉浮

才华横溢的法国律师让·博丹创造出"主权国家"这个名词，并制定了民族国家的标准。他在1576年出版的巨著《共和国六书》（*Six Books of the Republic*）里，把对货币、信用与财政政策的控制力，当作民族国家的三大支柱之一，但这些支柱一向不太稳固。到19世纪末，占支配地位的货币不再是国家铸造的硬币或印发的纸钞，而是由迅速成长的民间商业银行创造的信用。于是民族国家用中央银行制度来抗衡这种情况的出现。到1912年，美国建立联邦储备体系后，每个民族国家都有了中央银行，以控制这些商业银行及其信用。但纵观整个19世纪的历史，一个接一个的民族国家接受或"被迫"接受不属于国家的金本位制度，接受金本位制度对国家货币与财政政策的严格控制。第二次世界大战后的布雷顿森林协定建立了黄金交易标准，虽然这个标准远比第一次世界大战前的金本位制度更具灵活度，但仍未赋予单个国家完整的货币与财政自主权。直到1973年尼克松总统让美元汇率浮动，也就是在这个时候，民族国家才得以在货币和财政事务上获得完整的自主权。当然，政府和经济学家已具备足够的知识，能够负责任地使用这种主权。

希望恢复固定汇率，或恢复类似旧制度的经济学家并不多，至少在英语国家是如此。但是，敢于宣称民族国家在运用新的财政和货币自由方面，已经展现出足够的技巧或责任感的经济学家就更是凤毛麟角了。虽说政府保证浮动汇率有助于汇率稳定，因为市场可以通过不断的小幅调整控制汇率。但是事实上，除了大萧条初期外，和平时期没有任何期间的汇率波动，比1973年以后的这段时间更剧烈和突然。摆脱了外在限制后，各国政府的行为都毫无节制可言。

作为德国央行的德国联邦银行在实务上是不被政治所左右的，并保持财政上的公正性。德国联邦银行知道，政客在促成德国统一期间提议的大量支出，若从经济的角度来看简直愚不可及。德国联邦银行大声并清晰地表述了自己的意见，然而，政客还是径自采取能在短期内获得民众赞颂，却会为长期经济带来风险的举措。德国联邦银行预测的每件事都发生了，东西德国都出现了自魏玛共和国消亡以后的高失业率。世界各国的政客都一样，不论哪一个政党执政，不管它曾经承诺过要削减或控制什么，都没有什么差别。

虚拟货币

虽然希望政府自己限制自己是天方夜谭，但事实上，全球化却能对政府形成更苛刻的限制，迫使政府在财政上负起责任来。浮动汇率让汇率变得极不稳定，因而创造了大量的"世界货币"。这些货币在全球经济和主要货币市场之外并不存在，它不是由经济活动，例如投资、生产、消费或贸易创造出来的货币，而是完全由外汇交易创造出来的。它不符合任何传统上的货币定义，不论是从计量标准、储存价值还是交易媒介上而言，都是彻头彻尾的虚拟货币，而非实体货币。

但这些货币的能量却是真实存在的。世界货币的数量极为庞大，以致这些钱在一国货币中流进和流出，所造成的冲击远远超过贸易或投资流动所造成的影响。虚拟货币一天之内的交易量可以大到足以提供全世界一年贸易与投资所需资金的总额。这种虚拟货币没有什么经济功能，因此拥有绝对的流动性。一个交易员只要在键盘上敲打几下，数以百亿的资金就可以从一种货币转换成另一种货币。而且由于这些钱没有经济功能，也不能融资，同时它也不遵循任何经济规律或逻辑，因此波动剧烈，很容易因为谣言或意外事件造成恐慌。

1995 年春季，美元遭到疯狂挤兑就是一个例子。克林顿总统因此被迫放弃先前的支出计划，改而采用平衡预算。挤兑美元是占多数席位的共和党在参议院中无法使其提出的平衡预算的宪法修正案通过而导致的。不过即使这条修正案通过，也毫无意义，因为其中漏洞百出，而且需要 38 个州批准，才能成为法律，最理想的状况也要花上许多年才能实现。外汇交易员却因此恐慌，开始挤兑美元。当时美元对日元的比价已经下跌 10%，因为美元遭到挤兑，所以汇率在两星期内又下跌了 25%，从 106 日元兑 1 美元，跌到不足 80 日元兑 1 美元。更严重的是，美国专为赤字而融资的债券市场几乎崩溃。美国、英国、德国、日本、瑞士和法国的中央银行立刻采取一致行动，联手支持美元，但它们的联合干预还是失败了，损失数百亿美元。最后美元花了将近1年的时间，才回升到原来（仍然估值偏低）的汇率。

1981年，法国法郎遭到同样由恐慌引发的挤兑，密特朗总统因此被迫放弃了3个月前助他成功当选的承诺。瑞典克朗、英国英镑、意大利里拉和墨西哥比索也都曾遭遇过恐慌性挤兑。虚拟货币每次都获得胜利，证明全球化经济是货币和财政政策最后的裁决者。

然而，要治愈不负责任的财政政策，货币挤兑不是合适的疗法。以墨西哥为例，这种挤兑比疾病本身更可怕。1995年，墨西哥比索遭遇疯狂挤兑，把6年辛苦得来的经济成就一扫而空，而这些经济成就曾经使墨西哥从一个贫穷落后的国家一跃成为新兴的发展中国家。但是到目前为止，还没有任何其他方法可以控制这种财政上的不负责任。唯一奏效的方法是让一个国家的财政和货币政策，不再依靠不稳定的世界货币的短期借贷来弥补赤字。这意味着可能需要在3～5年内，推行平衡预算，或接近平衡的预算。然而，这会对民族国家的财政和货币自主权形成严格限制。而1973年推行浮动汇率时，原意就是想永久地消除所有限制。

恢复这种非国家和超国家管制行动已经展开。欧洲中央银行准备在20世纪结束前，为欧洲共同体发行共同货币，把货币和信用的控制权，从个别会员国手中，转移到独立的跨国机构手中。另一个方法显然得到美国联邦储备委员会的赞同，这种方法赋予若干国家的中央银行同样的权力，因此在维持国家财政主权表象的同时，却拿走其中大部分实权。然而，这两种方法都是把已成事实的事情制度化，即决定基本经济决策的是全球化经济，而非民族国家。

25年前，浮动汇率制度赋予了民族国家不受限制的财政和货币自主权，但对政府却没有好处。它大体上剥夺了政府说"不"的能力，而把决策权由政府手中转移到特殊利益团体手中。这完全是大家对政府的信心和尊敬突然下降所致。这种情形已经成为困扰每个国家的显著趋势。矛盾的是，丧失财政和货币主权后的民族国家也许会变得更强大，而不是更脆弱。

打 破 规 则

摆在大多数政府，尤其是西方政府面前的一个更加微妙却又更加严峻的问题是，全球化经济的兴起对国际经济政策赖以遵循的基本假设和理论的冲击。许多迹象显示，世界经济已经出现某种东西，打破了数十年所遵循的规则。

1983年，当里根总统和日本政府达成协议，停止250日元兑1美元的固定汇率时，为什么美元对日元的比价下跌过半呢？虽然美元是一种估值偏高的货币，对日元的购买力平价大约是230日元，但没有人预期美元会跌破200日元。结果美元直线下跌，直到两年后，美元对日元汇价损失将近60%，也就是跌至110日元时才停止（10年后又跌到80日元），这是为什么？至今都没有一个合理解释。更令人费解的是，美元剧烈下跌的现象只出现在对日元上。事实上，美元对其他一些主要货币还有升值，这种情形也是没有人预测到，或者提出过合理解释的。

里根和他的经济顾问希望美元下跌，以便消除对日本与日俱增的贸易赤字。所有的经济理论和200年的经验告诉我们，美元贬值应该表示美国对日本的出口会增加，而从日本的进口会减少，日本的出口商，尤其是汽车和电子消费产品制造商会陷入歇斯底里的状态中，宣布世界末日的到来。事实是，美国的出口的确急剧上升，但对于那些货币对美元升值的国家来说，美国的出口增加得反倒更多。而即使美元贬值，日本对美国的出口增加幅度，却比美国对日本的出口增幅还快，因此美国对日本的贸易赤字实际上反增不减。过去的15年里，每次美元兑日元汇价下跌时，美国政府都预测日本对美国的贸易盈余应该会缩小，每次日本人都叫苦不迭，然而其实每次日本对美国的贸易盈余都立刻增加。

面对这种情形，大家普遍认为日本制造商是天才。但是，就算大多数出口商都很精明，就算他们是天才，也不可能立即渡过收入减少50%的难关。真正合理的解释应该是，日本因为美元贬值而得到的好处和付出的代价一样多。日本是世界上最大的食品和原料进口国，这些东西全都以美元计价，日本花在进口这些大宗商品上的金额，和出口产成品所赚到的美元大致相等。对于个别企业而言，比如丰田汽车，美元的贬值可能会造成一些损失，因为丰田把汽车出口到美国，若把挣到的美元换成日元，就只有以前的一半。但是，对整个日本经济来说，美元兑日元汇价下跌，只是一种冲销的过程而已。

但是，这种说法引出了另一个让人更加费解的谜团。为什么日本不必在进口大宗物品方面多付钱，这又怎么解释？根据理论和过去的经验，以美元计价的商品，其价格上涨的幅度，应该跟美元下跌的幅度一样大。所以日本人支付的价格，应该跟美元贬值前一样多。如果这条理论应验的话，那么日本对美国的确不会再有什么贸易盈余。但是实际上，今天以美元计价的商品价格却比1983年还要低，这点仍旧无法解释。

这个谜团中只有一点可以解释，但这一点甚至更不符合传统的国际贸易理论。据美国商务部估计，发达国家40%以上的商品出口，都是出口到国内公司在国外的子公司或关联企业的。从官方和法律观点来说，这些商品都是出口；但从经济观点来看，却是公司的内部转移。这些产品包括机器、原材料和半成品，一直都是安排送到国外的工厂或关联企业来生产的，无论汇率是高是低，这种安排都必须继续下去。改变这种关系要花上很多年，其成本会超过在外汇方面节省下来的开支，因此，在申报的商品交易中，40%只是法律上虚拟的"交易"，而这一部分正在稳定增长。

国际贸易理论把"贸易决定投资"视为理所当然，大多数人一听到"国际贸易"这个词时，想到的就是"国际商品贸易"。而今天"投资决定贸易"的现象越来越明显。世界经济的动力已经变成国际资本的运动，而不是国际商品的运动。虽然第二次世界大战后，商品贸易增长的速度超过历史上任何时期，但服务贸易的增长速度更快，不论是金融服务业、管理顾问、会计、保险还是零售业都是如此。20年前，美国服务业的出口金额非常小，小到很少记录在贸易统计上，今天却占美国出口的1/4，而且是美国唯一创造可观出口盈余的部门。服务业贸易很少遵循传统的国际贸易规则，举例来说，只有旅游业对汇率波动极为敏感。

我有意仅谈论美国的经济难题，但其实每个发达国家和大多数发展中国家，都可以发现类似的问题。世界经济的重心已经从发达国家转移出来。仅仅15年前，我们还普遍认为发展中国家的成长，要靠发达国家的繁荣来带动。但在过去20年里，发达国家并不特别景气，可是世界贸易和生产却出现前所未有的繁荣，大部分的成长都出现在新兴发展中国家。其主要原因在于，知识已经成为重要的经济资源，取代了经济学家所说的"土地、劳力和资本"三要素。这里所谓的知识，主要是以培训的方式以及美国在第二次世界大战期间发展出来的哲学的形式展现出来，它打破了"低工资代表低生产力"的原则。现在通过训练，可以使一个国家的劳动力人口拥有世界级的生产效率，却支付新兴发展中国家的工资水平，这种情形至少还会持续 8～10 年。

这些新的现实需要不同的经济理论和不同的国际经济政策做支持。即使汇率走低能够改善一国的出口，它同时也会削弱这个国家对外投资的能力。如果投资决定贸易，那么较低的汇率会在几年内促使这个国家的出口减少。美国就是这样：美元汇率的下跌，在短期内促使美国产品出口量的增加，但同时也削弱了美国工业对外投资的能力以及创造长期出口市场的能力，结果使得日本在东亚和东南亚等新兴市场的市场占有率远远超过美国，成为这些市场的领导者。

我们对新理论和新政策的需求，也说明了为什么大家突然对 19 世纪德国经济学家弗里德里希·李斯特的《国家发展政策》产生兴趣。《美国新闻与世界报道》(*U.S. News and World Report*) 总编詹姆斯·法洛斯以及相关人士正是这个事件的推动者。事实上，在 19 世纪 30 年代的德国，李斯特所倡导的政策，也就是保护新兴产业，以发展国内企业的说法，既不是他的原创，也不是德国的政策，这完全是美国土生土长的东西，是从亚历山大·汉密尔顿于 1791 年发表的《制造业报告》中发展出来的。25 年后，亨利·克莱又发展了这个思想，成为所谓的"美国制度"。李斯特以政治难民的身份在美国避难时，曾担任克莱的秘书，他也就是在那段时间学到这些东西。

这些旧思想之所以吸引人，是因为汉密尔顿、克莱和李斯特所注重的都不是贸易，他们既不主张自由贸易，也不主张保护主义，他们把重点放在投资上。第二次世界大战以后，自日本开始的亚洲经济体所遵循的政策，都类似汉密尔顿和克莱为刚刚诞生的美国拟订的政策。今后可能出现的新国际经济政策，一定是既不主张自由贸易，也不主张保护主义的政策，它会以投资，而不是以贸易为中心。

行销全球

在全球化经济中，企业会逐步迫使自己从多国公司转变成跨国公司。传统的多国公司是指在国外拥有子公司的某国公司，这些子公司是母公司的翻版。例如，一家美国制造公司的德国子公司是独立运作的公司，制造的所有东西几乎都在德国销售，在德国购进原材料，而且雇用的人几乎全都是德国人。

今天，大部分从事国际业务的公司，其组织结构仍然是传统的多国公司形式。但是向跨国公司转变的过程已经开始，而且进展迅速。公司所提供的产品和服务可能是相同的，但其结构已有了根本的差别。在一个跨国公司中，只有一个经济单位，就是全球。销售、服务、公共关系和法律事务属于地区性的，但零件、机器、规划、研究、融资、市场、定价和管理，都是根据全球的观念进行考量的。美国一家最大的工程公司，在比利时安特卫普郊外的某个地方设立了一家工厂，为公司全球的其他43家工厂生产某种重要零件，其他什么都不做。公司把全球的产品研发安排在三个地方，质量管理则安排在四个地方。对这家公司来说，国界基本上已变得无关紧要。

跨国公司不能完全摆脱国家政府的管制，它必须适应这些国家的政府。但对于面向全球市场和技术的公司决策和准则而言，这种适应又往往是一种例外。成功的跨国公司把自己当作独立、无国界的实体，这种自我认知表现在一些几十年前根本无法想象的事情上：像最高管理层的人选，世界知名的管理顾问公司麦肯锡，其总部虽然设在纽约，却由一位印度人领导；而多年以来唯一跨国经营的大型商业银行，花旗银行的第二号人物是位华人。

美国政府正设法与这种趋势抗衡，方法就是把美国的法规和法律概念延伸到境外事务上。在几乎是美国独有的反托拉斯法上，它就是这么做的。美国还设法用民事侵权行为、产品责任和腐败等有关的法律来驾驭跨国公司。除此之外，美国还通过对古巴和伊拉克的经济制裁，来对抗跨国公司。

美国虽然仍是世界上最大的经济力量，而且在很多年内可能继续维持这个地位，但若想根据美国的道德、法律和经济观念来塑造世界经济，必定会徒劳无功。在全球化经济中，重要的角色可以在一夜之间突然出现，所以不可能有任何主宰一切的经济力量。

尽管如此，在全球化的经济环境下，我们的确需要一种能为全球化经济所接受的道德、法律和经济规范，因此，发展国际法和超国家组织，用以制定和执行全球化经济法规，乃是一项重大的挑战。

全球化经济之后的战争

虽然两者看起来风马牛不相及，但全球化经济和全面战争都是20

世纪的产物,用德国"兵圣"克劳塞维茨的名言来说,传统战争的战略目标是"摧毁敌人的战斗力量"。战争是针对敌国的军人发动的,理论上不是针对敌国的平民及其财产的,当然其中总有例外。美国南北战争结束时,谢尔曼将军就领军进入佐治亚州,目标就是针对平民和他们的财产,而不是残败不堪的南部联邦军队。然而,这次例外也是刻意的,因此至今仍被人牢牢记住。几年后,在1870~1871年的普法战争期间,俾斯麦就致力于维护法国金融体系的完整性。

但在20世纪的第一场战争——布尔战争中,规则改变了,战争的目标被重新定义,变成摧毁敌人发动战争的可能性,即摧毁敌人的经济。在现代西方历史中,布尔战争也是第一次有系统地针对敌国平民发动的战争。英国人为了摧毁布尔士兵的战斗锐气,把布尔的妇孺赶进历史上首次出现的集中营。

在20世纪以前,西方通常遵循的另一个原则是:居住在一个国家的敌国公民,只要不从事政治活动,就不会受到骚扰。但在第一次世界大战中,英国和法国拘禁了所有属于敌国的外国人,不过美国、德国和奥地利并没有这样做。在1900年以前,一个国家的敌国公民或敌国公司拥有的财产和所从事的业务都不会受到干扰,但从第一次世界大战开始,又是英国人带头,这类的财产遭到没收,并由战时政府监管。

现在全面战争的规则已深入人心,大多数人把这种战争视同自然法则。当人们开始使用导弹、卫星和核子武器,就不可能回复到19世纪的信念——军方的首要目标是避免让战火波及平民。在现代战争中,没有平民。

虽然摧毁敌人的经济有助于赢得战争,但同时它也妨碍胜利者赢得和平的机会，这是20世纪两次世界大战之后留下的最重要的教训之一。其中一次是1918年以后用了20年的时间，另一次则是1945年以后用了50年的时间。美国在第二次世界大战之后，采用前所未有的政策，包括马歇尔计划，促成战败国经济的迅速复苏，同时也为战胜国带来50年的经济扩张和繁荣。这些政策之所以能够出现，是因为乔治·马歇尔、哈里·杜鲁门总统、狄恩·艾奇逊和道格拉斯·麦克阿瑟等人，都记得第一次世界大战对和平的惨痛损害。引用克劳塞维茨的另一句名言：如果"战争是用其他方式延续政策"的话，那么全面战争必须调整，以适应全球化经济的现实。

企业正从多国公司向跨国公司迈进，全面战争理论实际上对一个国家目前的战争实力而言可能是有害的。例如，第一次世界大战期间，意大利最大的军备生产商是菲亚特汽车公司。而和意大利作战的奥匈帝国，其最大的军备生产商则是菲亚特公司在奥地利的全资子公司，是母公司在意大利创业之后一两年中设立的。到1914年，奥地利菲亚特的规模远超过它的母公司，也比母公司先进，因为奥匈帝国的市场规模比较大一些。若想将这家意大利人拥有的子公司变成奥地利军备生产的核心，实际上什么都不需要，只需要一个新的银行账户。

如今这种全资子公司会进行整车的组装和销售，但它也可能只生产刹车部件，然后交给公司在世界各地的工厂使用，子公司也会从其他子公司得到它所需的零件和材料。这种跨越国界的整合生产，可以削减大约50%的汽车成本，但是这也使得这些单个子公司没有任何独立生产能力。在很多发达国家，跨越国界的整合生产企业现在占该国工业总产量的1/3~1/2。

我不会假称自己知道如何解决和平时期与战争时期经济之间日益增长的矛盾，但我们有先例可循。19世纪最有创意的政治成就是国际红十字会。红十字会于1862年在瑞士公民让·亨利·杜南倡导下成立，在10年内就成为世界上第一个跨国组织，而且现在仍是最成功的跨国组织。红十字会制定了对待伤患和战俘的规则，被世界各国普遍采用。今天我们在对待平民和平民财产方面，可能也需要做同样的努力，这同样需要一个跨国组织，而且就像红十字会那样，能从实质上削减国家的主权。

自工业革命初期开始，一直有人主张经济上互相依赖的关系可以压制民族主义分子的热情，第一个说这话的就是康德。1860年时，美国的"温和派"也相信这一点，但萨姆特堡的枪声，揭开了南北战争的序幕，也破灭了他们的信念。奥匈帝国的自由派一直到最后都相信，帝国的经济整合程度极为深入，不可能分裂成好几个国家。戈尔巴乔夫显然也相信这一点。但过去200年来，每一次政治热情及民族国家政治与经济理性相冲突时，政治热情及民族国家总是最后的胜利者。

[1997]

CHAPTER 13 | 第 13 章

社会优先

异端邪说

美国的对日政策，特别是在亚洲经济危机时的对日政策，是基于五大假设做出的。这些假设成为大多数美国决策人士、研究日本问题的学者，甚至很多企业管理者深信不疑的信念。但这些看法即使不是完全错误的，也是值得怀疑的。

（1）政府官僚机构主宰一切的现象被认为是日本特有的现象，日本官僚几乎完全掌控决策权，并通过"行政指导"控制企业与国家经济。

（2）对政府而言，把官僚角色减轻到应有的程度，也就是"专家随时听候使唤，却不高高在上"，应该不是那么难，所需要的只是政治决心而已。

（3）像日本官僚这样的统治精英，在现代发达社会中是没有必要存在的，在民主制度中也是不受欢迎的。

（4）日本官僚反对"解除管制"，在金融部门中尤为如此。这只不过是贪恋权力的私心所致，会造成严重损害。政府拖延无法避免的改革，只会使情势更加恶化。

（5）最后，日本人毕竟是充满智慧的民族，他们跟我们一样，把经济视为优先考虑事项。

然而，与日本有关的正确假设应该是：

（1）官僚机构几乎主宰着所有的发达国家。美国和若干人口较少的英语国家，如澳大利亚、新西兰和加拿大都是一些例外，而非常规现象。日本官僚比起其他发达国家，尤其是法国来说，作威作福的程度低多了。

（2）官僚精英的持久力远超过我们愿意承认的地步。虽然丑闻不断，也确实能力不足，他们却设法维持权力达数十年之久。

（3）这是因为发达国家都相信，他们需要统治官僚，如果没有这些官僚，社会就有解体之虞，唯有美国例外。因此，除非有大家都能接受的替代人选，否则他们会继续依靠旧统治精英。在日本，举目所见，并没有这样的替代人选。

（4）日本官僚的经验向日本人证明：事缓则圆。过去40年内，日本两次克服重大而且显然无法解决的社会问题，靠的不是"解决"，而是拖延问题，问题拖延到最后自动消失。不过拖延策略这次很可能会失败，因为日本的金融体系摇摇欲坠，又有偿债能力的问题。然而，从日本过去的经验来看，拖延并非不理性的策略。

（5）事实上，拖延是合乎逻辑的策略，因为对日本的决策人士而言，不管是政客、公务员还是企业高管，首先考虑的是社会，而非经济。

空　　降

日本人所说的空降，是指高级公务员在45～55岁，其公职生涯已升到尽头的时候，就转成大公司的"顾问"。这种事情美国也有，并不是日本独有的现象。这种转换被视为日本官僚的统治、权力和特权最明显的特征，但其实这种事情举世皆然，包括美国在内的所有发达国家。

用我个人的例子来说，第一次世界大战刚结束时，我父亲是奥地利商业部的行政长官。1923年他退休时，还不到50岁，立刻被任命为一家大银行的董事长兼首席执行官。他的情形并非特例，他的前任和后任，以及在财政部的同事都是如此。直至今日，奥地利重要部门的高级公务员仍然"空降"。

不过在日本，"空降"顾问是待遇优厚的闲职，除了每个月领薪水之外，大家通常不期望他们到办公室。相形之下，在大多数的欧洲国家，这些"退休"的公务员却接掌实际工作，就像奥地利公务员成为银行首席执行官一样。

这种做法是聪明还是愚蠢不是本书要探讨的，我想说的是，这种做法是国际惯例。在德国，不能升任部委最高职位的二级公务员，会变成某个行业协会的秘书长，不但待遇优厚，还掌握实权。德国强制规定企业必须加入行业协会，除了最大的企业之外，所有公司都得通过行业协会处理跟政府和工会的关系。如果这个公务员是社会民主党，也会得到类似的工作，比如在行业协会中担任首席经济学家或工会秘书长，同样待遇优厚、位高权重。在法国，升到财政督察的公务员，年龄为40～45岁，会转到行业或金融部门担任高官。法国经济和社会中几乎每个实权职位，都由前任财政督察担任。即使在英国，主要部门的最高级公务员退休后，担任大银行或保险公司的董事长，也一直是惯例。

美国也是如此，"空降"并不少见，许多高级将领退休后，接掌国防和航空航天公司的高级管理职位。还有更多的国会助理、行政部门的高中级官员以及华盛顿的统治精英群，也像例行公事般"空降"下来，变成待遇优厚的说客，或华盛顿法律事务所的合伙人。

日本官僚即使在其权力巅峰期，也就是大约1970年时，对企业和经济的控制，仍然不如他欧洲国家的同事。在法国和德国，国家经济的一大部分为政府直接拥有，欧洲最大的汽车生产商大众汽车的1/5股权，由萨克森州拥有，这个州拥有绝对的否决权。直到最近，法国政府还拥有法国多数大型银行和保险公司的资产，欧洲大陆的第三大经济体意大利也一样。相形之下，日本政府除了拥有邮政储蓄银行之外，几乎没有掌控日本经济的任何部分。日本人靠着"行政指导"或游说来达成控制目的，而欧洲人却以所有者和管理者的身份，拥有直接决策和干预的权力。

精英统治

要削减日本官僚的权力有多难？毕竟日本官僚的记录已经惨不忍睹，过去25年来，一次又一次的失败，使得日本官僚体制摇摇欲坠。在20世纪60年代末期和70年代初期，日本官僚在挑选未来可以出奇制胜的策略性产业时，愚蠢地选择了巨型计算机产业，又是输得一塌糊涂。因此，今天日本在信息产业和高科技方面，都要远远落后。

日本官僚在20世纪80年代再度受挫，由于一次轻微的经济衰退就被吓得惊慌失措的日本官员，使日本陷入了因过度投机而引起的财政泡沫和日后的金融危机的深渊之中。"行政指导"促使银行、保险公司和企业以高得离谱的价格投入股市和投资不动产，并陷入最严重的问题放贷中。20世纪90年代初期经济泡沫破灭之后，官僚无法让日本经济重新站稳脚跟，却投入空前巨资（远远超过美国在新政时期投入的资金总额）设法拉抬股价、不动产价格、消费以及资本投资，但毫无效果。1997年，日本官僚根本没有预料到亚洲大陆金融危机的爆发，在亚洲各国经济开始摇摇欲坠之后，官僚甚至仍然督促日本银行和产业加强在亚洲的投资。

此后，官僚机构的贪污腐败完全暴露出来，连声誉卓著的机构，如日本（中央）银行或财务省都难以避免。官僚宣称的以道德领导的说法不攻自破，甚至连他们最坚强的支持者，也就是那些大企业都开始反对官僚。代表大企业的日本经济组织联合会呼吁政府解除管制，削弱官僚机构的权力。

但什么事情都没发生。更糟的是，政客为了展现对官僚机构的控制力，羞答答地采取一些象征性的小举措，例如对某位掌握大权的人物明升暗降，几星期之后，又让他官复原职。美国人因此声称，其中一定有些不同寻常的"日本特色"的内幕发生。

统治精英都有惊人的持久力，尤其是像日本这种不是靠血统或财力，而是靠功能取得持久显赫权力的官僚，在信用扫地、失掉大众尊敬之后很久，仍能掌握权力。想想法国军队好了，19世纪90年代德雷富斯（Dreyfus）丑闻发生后，军方以莫须有的罪名把德雷富斯处以重刑，放逐恶魔岛，最后引起公愤。这群自命不凡的统治精英遭到严重打击，显示出军方腐化、可耻、欺诈的一面，而且还失去了军方用以统治社会而自我标榜的"军人美德"。不过，军方却始终掌握权力。第一次世界大战期间，声誉扫地的法国军队虽然除了愚蠢的大屠杀以外什么都不会做，但是他们仍然大权在握。尤其在第一次世界大战后西欧普遍实行绥靖主义的时期中，也是如此。即使这样，军方还是有足够的实力。1936年，军方与法国共产党合作，打败了试图把权力转移到文官精英的利昂·布卢姆政府，迫使布卢姆下台。1940年，法国遭到空前的惨败，再度证明军方的极度无能，但军方仍用自己足够的实力迫使维希政府选择声誉极差、老迈无能的马歇尔·贝当元帅为领袖，为他们的傀儡政权赢得了合法性和民众的普遍支持。

统治精英在维系自己的政权方面具有非凡的能力，这绝非日本独有的现象。许多发达国家，尤其是发达的民主国家，都相信自己需要统治精英，如果没有他们，社会和政治就会解体，进而民主制度就会瓦解。只有美国和少数的英语国家并不抱有这种信念。美国社会从19世纪初以来，就没有统治精英。的确，自托克维尔以来，几乎每位对美国进行仔细观察的外国人都指出：美国社会真正独有的特质就是，每个群体都觉得自己即使没受到歧视，也未得到应有的重视和尊重。很多人认为，这个特质正是美国最强大的力量所在。但我们不要忘了，美国是例外，日本才是常规现象。除了美国以外多数发达国家都认为，没有统治精英，就不可能有稳定的政治及社会秩序。

想想戴高乐和阿登纳吧，两个人都遭到本国统治精英的排斥。戴高乐受法国军方排挤，而阿登纳则受德国政府排挤。他们虽然都是天才，却始终无法得到晋升并取得权力。戴高乐一直到第二次世界大战爆发后，才升任为将军，而且即使当了将军，也只带领着一支很小的部队。虽然大家普遍认为，阿登纳是德国最高明的政客，也是一位能力非凡的官员，但他从来没被任命为内阁部长，更不要说当总理了。就总理这个位置来看，他的能力显然远胜于魏玛共和国时期的任何一位平庸之辈。两个人都为自己遭受精英排斥而愤愤不平，也公然鄙视这群精英。可是战后，当他们赢得权力之后，却立刻造就了新的一批统治精英。

1945年戴高乐当上法国总统后，他采取的举措之一就是把支离破碎、相互竞争的官僚团结起来，成为一个由中央控制的团体。同时，他让公务员掌控法国政府和经济部门的所有重要职位，赋予财政督察大权，使得这些新公务员成为当今社会的精英，最后还赋予他们一个新身份，就是国家行政学院毕业生。过去40年来，几乎每一位法国社会、政治或企业领导人，都是从这所精英学校毕业的，当然，还包括所有的法国财政督察。

1949年阿登纳成为德国总理时，既有的公务员信用扫地，士气低落，又因为向纳粹臣服，而声名狼藉。于是，阿登纳立刻着手恢复公务员的精英地位。虽然他本人两次被纳粹关进监狱，并遭受外界，尤其是英国和美国的巨大压力，但他仍然保护公务员，使他们免遭清算纳粹余孽的影响，恢复他们的就业保障以及被纳粹剥夺的特权，公务员拥有空前的自由，不受地方政客的干预。阿登纳赋予公务员精英前所未有的崇高地位，而且这次不像过去在德国国王，甚至是魏玛共和国时代那样——地位不如军方。

戴高乐和阿登纳都被人斥为不民主，但两个人都宣称：若没有统治精英，现代社会，尤其是现代的民主政体就会瓦解。他们的说法是有道理的，例如魏玛共和国时代的德国，军方虽然因第一次世界大战失败而声名扫地，却仍然保留否决权。又因在是否接受魏玛共和国的事情上，内部有严重分歧,公务员的地位在1918年之前都低于军方,势力微弱。然而,在公众舞台上,像企业领导人和专业人士这样的新兴群体,仍被视为暴发户。历史告诉我们,缺乏被大家普遍认可的统治团体,是魏玛共和国解体的重要原因。再举一个例子,意大利的政治瘫痪、社会无序,必然与缺乏统治精英有一定的关系。

发达国家赖以生存的统治精英当然贪恋权力,所有统治阶级都是如此。但精英之所以能继续保有权力,完全是因为举目所见,没有什么可以取而代之的人选。除非有可替代人选,而这显然需要戴高乐和阿登纳这样的人鼎力支持,才可能做到,否则旧有的统治精英会继续掌权,即使声名扫地、功能失常,也依然如此。

如今,日本看不到任何可替代人选。军方曾是历史上的统治精英,却得不到大众支持。(20世纪30年代的军国主义政权基本上是幕府时代的翻版,日本历史上的大部分时期,都是由幕府军事独裁者统治的。)大企业如今获得公众的空前尊敬,却不被视为社会统治精英,教授或专业人士组成的团体也是如此。到目前为止,无论官僚机构名声多差,它仍是唯一合乎要求的团体。这就是日本的现实,无论美国的决策者是否喜欢这些事实都无关紧要,事实就是事实。美国对日政策的制定必须基于这样的假设:在可预见的未来,无论日本是否"解除管制",官僚机构仍将是日本的统治精英,至少是最强有力的统治精英。

无为而治

日本统治精英的行为与其美国同事不同,美国的精英团体是政治人物，包括行政部门任命的官员和国会幕僚（这两种人恰巧是美国独有的，是其他发达国家所没有的）都是如此，日本的统治集团却是行动一致的官僚机构。

伟大的德国社会学家马克斯·韦伯认定，官僚机构是各国普遍存在的现象，他把官僚机构的功能，定义为将其本身的经验加以整理，再转化为行为准则。在当今日本官僚的记忆中，有三次对其发展造成重大影响的经历，其中有两次是成功的经历，一次是失败的经历。这些经历也是今天的官僚赖以行动的基础，尤其是在发生重大危机的时候。

第一次成功发生在1945年战后的日本，当政的官僚选择不干预当时日本严重的社会问题，即大量农村人口失业问题。今天，无论是在美国还是日本，实际耕作的农民顶多只占劳动力的2%～3%，而1950年时，美国20%的劳动力人口是农民，日本则大约有60%的人口仍仰赖土地为生，辛苦工作只能勉强糊口。20世纪50年代初期，大多数日本农民毫无生产力可言。日本官僚成功地抵制了所有压力，拒绝所有呼吁日本政府针对农业问题采取行动的要求。"不错，"官僚坦言，"农业人口过多，数量庞大，且毫无生产力，对经济发展是严重的制约。"他们同时也承认："不错，日本大多数城市居民赚的钱，只够勉强购买生活必需品，对没有生产力的农民进行补贴就是严惩消费者。"官僚不采取任何行动，即不鼓励农民离开农村，或变得更有生产力（例如改种高粱或大豆等新作物，或放弃种植水稻，改为养鸡或畜牧），因为这样可能会造成严重的社会混乱。官僚机构宣称，唯一该做的事情，就是什么事都不做，这就是他们处理问题的方法。

从经济的观点来看，日本的农业政策是彻底失败的。从农业方面来看，日本是发达国家中最差的。日本补贴农民的金额和其他发达国家（包括美国）一样多，但是，如今却需要进口比过去更多的食品，总量超过任何主要工业大国。但是若从社会观点来看，这种无为而治确实是一项极为重大的成功。从都市人口吸收农业人口的比率来看，日本都高于其他发达国家，却丝毫没有引起社会骚乱。

日本官僚的第二个巨大成功，也是经过仔细研究后的无为而治——不解决零售渠道问题。20世纪50年代末和60年代初，在发达国家中，日本的流通渠道体系是最落伍、昂贵又没有效率的，类似于18世纪，而不是19世纪的流通体系。该体系由成千上万个"夫妻店"构成，都是狭小、简陋、成本高昂、毛利也极高的杂货店，每家商店的销售额只能勉强让店主一家糊口。经济学家和企业领导人都警告过，除非日本改善流通渠道体系，否则不可能拥有一个健全的现代化经济。然而，日本官僚拒绝采取行动，反而通过很多法规，减缓超级市场和折扣商店等现代零售商的成长速度。官僚承认："从经济上看，现有的零售体系是沉重的拖累，但这是日本的社会安全网。失业者或55岁退休、只领到几个月退休金的人，总可以在堂兄弟的杂货铺里找到工作，勉强维生。"毕竟日本当时还没有失业保险或退休金。

40年后，零售渠道的问题已经不复存在了，无论从社会层面还是从经济层面而言，都是如此。夫妻店仍旧存在，但大部分的小店铺，尤其是大城市里的那些店铺，都变成了大型零售连锁商店的加盟店。那些阴暗潮湿的旧式店铺消失了，代之以今天干干净净、灯火通明、实行中央管理和电脑化的商店。日本现在很可能拥有世界上最有效率、成本最低廉的零售渠道体系，同时如今的夫妻店赚钱也不少。

日本官僚的第三次经历，不像前两次，这次彻底失败了，它从反面教导了官僚无为而治的正确性，因为这次失败可以说是违背了过去官僚一直沿用的无为而治的策略造成的。20世纪80年代初期，日本经济和就业增长出现了轻微的疲软现象，这在大多数国家里根本不能视为衰退，但是，由于这次的减缓刚好遇上美元兑日元固定汇率脱钩，同时美元汇率又快速下跌，使得依赖出口的日本十分恐慌，于是日本官僚在大众压力之下屈服了，变成西方式的积极行动派。官僚投下了惊人的资金，设法刺激经济，因而种下祸根。当时，政府预算赤字大大激增，超过大多数发达国家；股价疯狂上涨，涨到价格收益比为50：1甚至更高；都市的房地产价格更是疯狂飙涨；银行游资充斥，又没有实质借贷需求，于是拼命贷款给投机者。这种泡沫当然会破灭，今天的金融危机就是这些行为的苦果。银行、保险公司和储蓄银行都因沉溺于股市和不动产严重亏损以及无法收回的问题放贷之中，而无法自拔。

后来发生的事情只能证明官僚无为而治的信念比采取行动更明智。过去两年中，由于来自华盛顿的某些压力，日本政客和舆论敦促政府，投入巨额资金拉动经济增长，总额超过任何一个西方国家，却徒劳无功。

社会契约

日本官僚体系目前处理，或者应该说不处理银行体系的方式，被西方人普遍指责为一种政治上的懦弱表现，华盛顿官员的看法尤其如此，包括美国财政部、世界银行和国际货币基金组织都是一致的看法。但是对东京的统治集团而言，拖延不决似乎是唯一合理的政策。

还没有人知道日本金融机构因为这次金融泡沫危机亏损了多少钱。现在，除了国内损失以外，还要加上亚洲其他国家经济危机带来的庞大的额外亏损，因为日本银行是韩国、泰国、印度尼西亚和马来西亚最大的债主，在中国也是。

日本面临的是自第二次世界大战以来，发达国家所面临的最大的金融危机。根据1997年5月《商业周刊》的估计，日本银行体系最后必须削减大约1万亿美元的国内亏损，这还不包括日本在亚洲其他国家的放贷和投资损失，这个金额甚至超过15年前美国储蓄贷款机构崩溃时大家估计的最高损失金额。更何况，日本的经济规模大约只有美国的一半，这个损失金额占日本所有金融机构资金总和的比率，高达12%左右。

更严重和棘手的问题是银行危机对社会的威胁，整个金融体系已经被彻底精减了。一直以来，日本都有银行过多的现象，这并不是金融机构过多，而是每家银行的分行数目过多，且冗员充斥。日本和美国的金融专家估计过，每1000笔交易，日本商业银行需要动用的人力，是欧美银行的3～5倍。银行体系因此成为日本雇用员工最多的行业之一，待遇也最为优厚。大多数的冗员都是中年员工，拥有的技术有限，如果被裁员，将很难找到其他工作。日本的失业率已经升到40年来的最高峰，若以官方数字统计，失业率超过4%；而如果采用欧美的失业定义，失业率应该高达7%～8%。而仅仅两年前，官方统计的失业率还不到3%。

比失业威胁更严重的是，日本社会契约制所受到的威胁，特别是对终生雇用制就业保障的威胁。如果银行大量裁员，会对社会契约造成严重冲击。日本人十分严肃地看待危机对社会造成的影响。从他们极力维护就业机会，就可以看出这一点。1997年，日本第四大证券商山一证券倒闭时，政府采取几乎让人无法想象的手段，允许（实际上可能是竭诚邀请）一家美国金融公司——美林公司接管山一证券的主要分公司，这完全是因为美林承诺，要留用大约 1/6 的山一员工，只有几千人而已。然而，不过 6 个星期前，主管证券公司的财务省高级官员还坚称：决不允许外国人经营日本的国内证券业务。

银行危机削弱了日本的企业和社会结构，它有可能瓦解日本特有的经济组织"企业联盟"。与西方人共有的信条相反，日本的"企业联盟"由一组围绕着一家大银行形成的众多企业构成，其主要目的不是为企业服务，而是担任旗下企业实质上的董事会，因为每家公司自己的董事会都只是内部管理委员会，而"企业联盟"则可以悄悄撤除不胜任的高管，并对旗下公司提议的高管候选人进行审核。最重要的是，"企业联盟"是一种互助团体，它们持有彼此的股份足够多，能让"企业联盟"通过股权，有效地掌控各公司，因而保证旗下每家公司不受外人侵袭和敌意收购。此外，"企业联盟"是终生雇用制的最终保证人。如果旗下某家公司陷入严重困境，必须裁员，那么其他公司会为这些人提供就业机会，这使得加入"企业联盟"的成员公司不仅可以降低成本，同时也维持了对终生雇用制的承诺。

"企业联盟"能够熬过金融危机吗？身为"企业联盟"核心的银行，已经开始出售它所拥有的旗下公司的股份，以便抵消其亏损。更多的"企业联盟"成员公司也跟着出售其他公司的股票，以换取现金，粉饰自己的资产负债表。但是除了对终生雇用制与工作保障存在威胁以外，有什么东西可以取代"企业联盟"，成为今后日本经济的组织原则？

这些问题没有答案。因此，日本官僚唯一能够采取的合理方针，可能真的就是无为而治。认为拖延可以减少银行业的问题，很可能是一厢情愿的想法。但是西方国家，尤其是美国，只能希望拖延策略再度奏效。日本社会的动荡对于美国政治、战略和经济利益构成的威胁远远超过采取行动所能得到的利益，比如，现在迫于华盛顿的压力，东京政府迅速采取解除金融部门管制之类的行动。

社 会 优 先

最后，了解日本官僚如何思考、工作和行动的最重要的关键，是要了解日本首要的考虑因素是什么。美国人认为，除非国家安全遭到严重威胁，否则政治决策中，经济是第一优先考虑因素；而日本人则认定社会才是优先考虑因素，这绝不仅仅是官僚的思维方式。

在这个问题上，美国又是比较特殊的，日本反而比较接近正常状况。除了美国之外，在大多数发达国家里，经济都被视为政策的制约因素，而不是主要的因素，更不是唯一的决定性因素。意识形态，尤其是对社会的冲击则经常是首要考虑因素。

即使是在美国，将经济放在公众生活和政策的首要位置也时间不长，最早也只能追溯到第二次世界大战时期。在此之前，美国也是把社会视为最优先考虑的因素。即使在大萧条期间，罗斯福总统推动的新政，也把社会改革放在经济复苏之前，并获得美国选民压倒性的支持。

把社会放在最重要的位置，根本不是日本独有的现象，但是对日本人而言，其重要性却超过了除法国以外的大多数发达国家。对于外人来说，日本似乎拥有绝佳的社会力量和凝聚力。历史上没有任何一个其他国家，曾经像日本那样成功地应对极端的挑战和混乱。在 19 世纪 60 年代，日本迫于美国海军准将佩里的柚木船围困，一夜之间来了一个 180 度大转弯，从一个世界上最孤立的、闭关锁国超过两个世纪之久的国家，变成了一个西化的开放国家；1945 年日本战败后，遭外国人占领多年，经历了同样痛苦、激烈的社会动荡。经历过种种变迁的日本了解自己的社会脆弱不堪，知道自己的国家在这两次重要关头，多么接近崩溃和内战的边缘，因此，终生雇用制成为凝聚日本社会极为重要的黏合剂。

日本社会究竟是坚韧的还是脆弱的，那是题外话，重要的是，日本人把自己的头等大事视为理所当然。如果美国人了解这一点，尤其是在跟陷入困境的日本人打交道时了解这一点，或许就不会总沉溺于日本官僚一无是处这样荒诞的想法中。当然，为官僚辩护仍旧被视为异端邪说，但是异端邪说经常比凡俗之见更接近真理。

[1998]

第14章 | CHAPTER 14
城市的文明进程

　　城市的文明进程将会日益成为所有国家的头等大事，特别是在美国、英国和日本等发达国家。然而，政府和企业都无法给予每个大城市所需要的新型社区，新型社区的建设是非政府组织、非企业部门和非营利机构的任务。

　　我是在第一次世界大战爆发的前几年出生的，当时只有不到5%的人口，也就是每20人中只有不到1人是在城里居住和工作的。城市少之又少，是浩瀚乡村地区的一小片绿洲而已。即使在工业化和都市化程度最高的国家，如英国或比利时，农村人口仍占半数以上。

　　50年前，第二次世界大战结束时，美国有1/4的人口仍居住在农村，日本靠土地为生的人，也还占总人口的3/5。今天，在这两个国家以及其他发达国家中，农村人口的比例都已降到不足5%，而且还在继续萎缩。同样地，发展中国家的城市人口也在增长，即使在中国和印度这两个以农村为主的大国，城市人口也在持续增长，农村人口的总数最多也就是保持不变。发展中国家的农村人口都蜂拥到了城市，即使他们在城市里没有工作，也没有房子。

　　这种人口变迁的先例只有一次，发生在距今大约10 000年前，当时我们的祖先首度过上陆上定居生活，成为农民和牧民。但是，那个变迁花了好几千年的时间才完成，而我们现在的这个变迁发生的时间还不到 100 年。这在现代史上是史无前例的，还没有什么制度以及成功的先例可以效仿。而这种新都市人类社会生死存亡的关键就是都市社区的发展。

农村生活的写照

对于一个生活在农村社会的个体而言，社区是一个既定事实，无论是家庭、宗教、社会阶级还是世袭种姓，社区都是既有的体制。农村社会没有什么流动性，即使有少许的流动，也多半也是向下流动。

数千年来，农村不断被人美化，西方尤其如此。它通常被描绘成如田园诗一般美好和浪漫，然而实际上，农村社会的社区具有强制和强迫的特性。

举一个最近的例子，不过 50 年前，也就是 20 世纪 40 年代末期，我和家人住在佛蒙特州的乡下。当时全国最广为人知的人物，是贝尔电话公司广告中的地方电话接线生。广告每天告诉我们这样一个事实，就是那个接线生把她所在的整个社区凝聚在一起，她为社区服务，而且总是随叫随到，帮助他人。

实际情况则有所出入。在当时的佛蒙特州乡下，我们只有人工电话交换机。当你拿起电话筒时，听到的不是拨号声，当然，听到的是你自然会想到的为社区服务的神奇接线生。在 1947 年或 1948 年拨号电话最终在佛蒙特州的乡下出现时，人人都欢欣鼓舞。是的，电话接线生总是在线上,可是当你的小孩发着高烧,你想找接线生帮你接通小儿科医生威尔逊的时候,接线生会告诉你:"现在接不上威尔逊医生,他正跟他女朋友在一起。"或者她会说:"你不需要找威尔逊医生,你的小孩病得没那么严重,等到了明天早上,看看小孩是不是还发高烧再说吧。"这种社区不仅具有强迫性,还干涉你的生活。

这就是数千年来,农村人口做梦都想逃到城里去的原因。一句古老的德国谚语说得好:"城市的空气让人自由。"农奴如果设法逃离土地,并获准进入城市,就会变成自由公民。所以,我们同样对城市抱有美好的憧憬,那就与憧憬美妙的田园生活一样,不切实际。

人们可以在城市里隐姓埋名地生活,又没有任何强制性的社区,这些正是城市最让人神往之处,只是这同时也让城市陷入无政府的状态。的确,城市是文化的中心,是艺术家和学者可以努力成名的地方。正因为城市没有社区,才能为人们提供奋发向上的流动性。但是在这薄薄一层专业人士、艺术家和学者阶层底下,在富有的商人和拥有高级技术的工匠阶层底下,却是一团混乱,娼妓、盗贼和不法之徒无所不在。除此之外,城市生活意味着疾病和瘟疫。直到 100 年前,世界上还没有哪个城市能够维持自身的人口水平,一切都要靠农村来的人口补充。到 19 世纪,城市出现了现代化的给排水系统、疫苗接种和检疫之后,其人口寿命才开始接近农村人口的寿命。

城市的生活就是这样,这里有古代皇帝统治下的罗马、拜占庭帝国的君士坦丁堡、美第奇家族统治下的佛罗伦萨、路易十四统治下的巴黎(大仲马笔下的《三剑客》将这种城市生活描绘得栩栩如生,这本书是 19 世纪最畅销的杰作);但也有狄更斯笔下的伦敦——城市拥有光芒耀眼的"奢华文化",但在这层薄薄的耀眼光辉底下,却是臭不可闻的泥沼。在1880年以前,在任何一个城市里,一个良家妇女在白天的任何时候都不敢单独出门;即使是男性,晚上走路回家也不安全。

对社区的需求

城市之所以吸引人,完全是因为能让人摆脱乡村社区强制和强迫的特性,给予人们想要的自由。但也由于城市缺乏自己的社区,因此城市也具有破坏性。

人类是需要社区的。如果没有积极向上的社区,就会出现具有破坏性的危险社区,例如英国维多利亚时代的各式帮派组织,以及今天威胁美国大城市,甚至日益威胁全球每一个大城市社会结构的各色帮派组织。

斐迪南·滕尼斯在1887年出版的社会学经典巨著《社区与社会》中指出,人类是需要社区的。但滕尼斯在一个多世纪前希望保存的有机的传统农村社会社区,已经永远地消失了。因此,如今的当务之急,是创造过去从未有过的都市社区。我们需要一个有别于传统的社区,它不仅具有自由和自发的特性,也要让城市里的每一个人,有机会创造成就,做出贡献,而且跟社区息息相关。

从第一次世界大战开始,至少在第二次世界大战结束后,无论是民主国家还是专制国家,大多数人民都坚信,政府应该而且有能力通过"社会计划"满足城市社会对社区的需求。但是我们现在知道这基本上是一种幻想。过去50年的"社会计划"几乎都失败了,它显然无法填补因传统社区消失所带来的真空状态。人们的需求还在，资金也还在，很多国家的资金甚至相当庞大，可是每个地方的成效都微乎其微。

同样地，私人企业也无法满足这种需求。我有一阵子还认为，私人企业可以做到这一点，也应该这样做。我在1942年出版的《工业人的未来》⊖一书里，提倡"自治工厂社区"的概念，这是一种在新型社会组织，即大型企业里的社区。这个观念只在一个国家——日本实施过。虽然实施过，但现已证实，即使是在日本，这种社区也不是解决之道。首先，没有一家企业能真正提供保障——日本人的终生雇用制很快被证明是一种危险的幻觉。而且最重要的是，终生雇用制以及随之而来的"自治工厂社区"并不符合知识社会的现实状况。在知识社会里，私人企业逐渐变成一种谋生方式，而不是生活方式，它可以，也应该提供物质和个人成就感，但企业显然是滕尼斯在110年前所说的"社会"，而非"社区"。

唯一的答案

只有社会部门，也就是非政府、非营利的机构，可以创造我们现在需要的市民社区，尤其是为受过高等教育、逐渐成为发达国家社会中坚力量的知识工作者创造这样的社区。原因之一就是，如果未来会出现每个人都能自由选择的社区，那么只有非营利组织可以满足我们这种庞大的需求，因为这些需求包罗万象，从教会到专业协会、从照顾流浪者到健康俱乐部，等等。非营利组织也是唯一能够满足城市第二种需求的机

⊖ 本书已由机械工业出版社出版。

构,即满足其市民成为一位有用公民的需求,只有社会部门能够提供这种机会,让人们担任志愿者,从而让个人拥有一个自己可以驾驭,同时可以奉献和改善的天地。

在即将结束的20世纪,政府和企业部门已出现爆炸性的成长,在发达国家中尤其如此。面对即将来临的21世纪,我们迫切需要以建立社区为目的的非营利社会部门的快速成长,才能使社区成为新社会环境,也就是都市的主角。

[1998]

4

第四部分

下一个社会

MANAGING IN THE
NEXT SOCIETY

第 15 章
下一个社会

第 15 章 | CHAPTER 15

下一个社会

新经济可能会出现，也可能不会出现，但是毫无疑问，下一个社会将很快来临。无论对发达国家还是新兴发展中国家而言，这个新社会的重要性很可能会远远超过新经济的重要性（如果新经济存在的话）。它不同于 20 世纪末的社会，也不同于大多数人期望的社会。新社会中有很多东西是史无前例的，而且其中大部分已经来临，或正在迅速形成。

在发达国家中，大部分人刚刚开始注意到，下一个社会的主导因素将是老龄人口的急剧增长和年轻人口的迅速萎缩现象。世界各地的政客们仍信誓旦旦要挽救现有的养老金制度，但政客和他们的选民都心知肚明，只要健康许可，在未来的 25 年里，大家都将不得不工作到 75 岁左右。

人们尚未认识到的是，越来越多年纪较大的人，例如超过 50 岁的人，他们不会继续像朝九晚五的传统全职上班族那样工作，而将以很多全新的方式投入到劳动大军的行列之中，例如担任临时员工、兼职人员、顾问、专项工作人员等。虽然过去的人事部，现在被称为人力资源部的部门仍然假设为组织工作的人都是全职员工，现有的就业法令和法规也是根据同样的假设制定的，但是，在未来的 20 或 25 年内，为一个组织工作的人员当中，很可能高达一半的人并不是由这个组织雇用的，更不是全职员工，年纪较大的人员更是如此。新型的雇用方式，对于用人的组织（不仅仅是企业）而言，将会逐渐成为主要的管理问题。

年轻人口的萎缩将会造成更严重的动荡，这是自罗马帝国衰亡以来，从未发生过的现象。任何一个发达国家，甚至包括中国和巴西，平均每个育龄妇女的生育率都远远低于维持现有人口所需的生育2.2个小孩的标准。从政治上来看，这表明外来移民在所有富裕国家里，都会变成重要的，而且存在严重分歧的问题，这将会波及所有传统的政治团体。从经济上看，年轻人口的下降将彻底改变市场格局。家庭数目的增长一直是推动所有发达国家国内市场的动力，但今后成家的比例肯定会持续下降，除非大规模依赖年轻的外来移民。第二次世界大战后，所有富裕国家出现的同质大众市场一开始都是受年轻人支配的，但是现在则要受中年人支配了。或许有可能会分裂成两个市场：一个是由中年人支配的大众市场，另一个市场则由数目少很多的年轻人支配。由于年轻人口的萎缩，新的就业形态将会出现，以吸引和维持日渐增加的高龄人员，尤其是受过良好教育的高龄人员，这将会变得日益重要。

知识就是一切

下一个社会将是知识社会，知识会成为社会的关键资源，知识工作者将成为主要的劳动力，它具有下列3种主要特质：

- 没有疆界，因为知识的传播甚至比资金流通还容易；

- 向上流动，每个受过正规教育的人，都有力争上游的机会；
- 成功和失败的概率均等，任何人都可以获得"生产工具"，也就是取得工作所需的知识，但不是每个人都能成功。

这3种特性加起来，会使知识社会变成一个充满激烈竞争的社会，无论对组织和个人而言都是如此。信息技术虽然只是下一个社会诸多新特性中的一种，却已造成极为重大的影响：它让知识可以在瞬间传播，使知识对每个人敞开大门。由于信息流通又快又容易，这要求知识社会中的每一个机构，不仅仅是企业，还包括学校、大学、医院，甚至是政府都必须具有全球竞争力，虽然大部分组织的活动仍将继续在当地市场中进行。这是因为互联网会将信息传递到世界各地的客户手中，让他们了解世界任何地方会有什么东西，价格是多少。

这种新知识经济会极度依赖知识工作者。知识工作者一词，目前普遍用来指拥有理论知识和学问的人，例如医师、律师、教师、会计师、化学工程师等，但成长最惊人的将是"知识技术人员"——电脑技术员、软件设计者、临床实验室分析人员、生产技术人员、律师助理等。这些人既是体力劳动者，也是知识工作者。实际上，他们从事体力工作的时间往往比他们脑力工作的时间多，只是他们的体力工作依靠大量的理论知识为基础，这种知识只能通过正规教育获得，而不能通过学徒形式获得。一般而言，他们的薪水不会比传统的熟练工人高很多，但他们把自己看成是"专业人员"。正如制造业的非技术性体力劳动者是20世纪社会和政治的支配力量一样，知识技术人员很有可能成为未来数十年中社会甚至政治的主导力量。

新保护主义

从结构上来看，下一个社会也与我们如今所处的社会大不相同。主宰人类社会长达一万年的农业，在20世纪迅速衰退。从产量来看，目前的农产品至少是第一次世界大战前的4～5倍。但是在1913年时，农产品占世界贸易总额的70%，而现在，顶多占17%。20世纪初期，农业在大部分发达国家里是占国内生产总值（GDP）比例最大的行业；现在，在富裕国家里，农业对国内生产总值的贡献已变得无足轻重，农业人口所占的比率也降到了最低。

长久以来，制造业也走着同样的下坡路。自第二次世界大战以来，发达国家制造业的产量很可能翻了3番，但是，经过通货膨胀调整后的制造品价格，却一直在持续下降；而主要的知识产品，即医疗和教育的成本，经过通货膨胀调整后却提高了3倍。和知识产品相比，现在制造品的相对购买力，大约只有50年前的1/5或1/6。美国的制造业就业率从20世纪50年代的35%降到17%以下，却没有引起多少社会动荡。然而，像日本或德国之类的国家，如今蓝领制造工人仍占劳动力的25%～30%，期望它们能同样平稳过渡，恐怕是一种奢望了。

由于农业作为创造财富和维持生计的角色逐渐衰微，农业保护主义在第二次世界大战前曾蔓延到无法想象的地步。同样，即使大家口头上继续主张自由贸易，制造业的衰微也会引发制造业保护主义的爆发。这种保护主义不见得会以传统的关税形式表现出来，而是以补贴、配额和各式各样的管制形式展现，更有可能的是发展成地区性贸易组织，允许内部自由贸易，但是对外则实行高度保护主义政策：欧盟、北美自由贸易协定（NAFTA）和南方共同市场（Mercosur）都正朝着这个方向发展。

公司的未来

统计数据表明，跨国公司目前在世界经济中扮演的角色，和1913年时已大不一样，它已经进化成另一类物种。1913年的跨国公司指那些拥有国外子公司的公司，这些子公司之间都是相互独立的，各自拥有自己明确的区域和高度的自治权。而如今的跨国公司则是根据服务项目或产品线，在全球范围内进行组建。但与1913年的跨国公司相同的是，它们是靠所有权将所有的子公司纳入统一的管理之下。相比之下，2025年的跨国公司靠的将是战略，当然还会依靠所有权，但是联盟、合资、持有少量股权、专利技术协定和合约将会逐渐成为主导，而这种组织需要一个全新的高管层。

在大多数国家中，甚至在很多大型、复杂的公司里，高管层仍被视为运营管理的延伸。然而，未来的高管层很有可能成为一个截然不同的独立器官，它将代表公司。摆在未来的大公司，尤其是跨国公司高管层面前最重要的工作之一，就是寻求公司长短期绩效之间的平衡，以及在企业不同的利益相关者，即顾客、股东（尤其是机构投资者和养老基金）、知识员工和社区彼此对立的需求之间，寻求平衡。

在这种背景下，这篇调查报告将力求回答两个问题：①为了准备迎接下一个社会，管理层现在能够做什么以及应该做什么？②未来可能会出现哪些现在尚未认识到的重大变化？

新人口结构

到 2030 年，作为世界第三大经济体的德国，超过 65 岁的人口几乎将占成年人口的一半，远超过目前 1/5 的比例。除非德国的出生率能够从目前每位妇女生育 1.3 个小孩的低点回升，否则在同一期间内，德国 35 岁以下人口萎缩的速度，会是高龄人口增长速度的两倍，结果会使总人口从现在的 8200 万，降为 7000 万～7300 万人，而工作人口会整整减少 1/4，从今天的 4000 万人，减少到只剩 3000 万人。

德国的人口结构并非独一无二。身为世界第二大经济体的日本，其人口将在 2005 年达到高峰 12 500 万人左右。根据日本政府最悲观的预测，到 2050 年，日本人口将会萎缩到约 9500 万人，而远在这种现象出现前，大约在 2030 年，超过 65 岁的成年人口就会增长到占成年人口总数的一半左右。日本如今的出生率和德国一样，已经降到每位妇女生育 1.3 个小孩。

大多数发达国家，如意大利、法国、西班牙、葡萄牙、荷兰、瑞典等国，人口状况大致都是如此，而许多新兴发展中国家，尤其是中国，情况也是如此。在某些地区，例如意大利中部、法国南部或西班牙南部，出生率甚至比德国或日本还要低。

300 年来，人的平均寿命以及随之而来的老龄人口的数字一直在稳定上升，但是，年轻人口不断减少却是一个新问题。迄今为止，美国是唯一能够避免这种命运的发达国家。但即便是美国，出生率也远低于人口补充所需要的正常水准，未来 30 年里，美国成年人口中的老龄人口比率将会急速上升。

所有这些情况都意味着，争取老龄人口的支持将会变成每个发达国家的政治要务。养老金已成为选举中的固定议题。有关是否需要外来移民，以便维持人口和劳动力数量的争辩，也日渐增多。这两个问题加起来，足以改变任何发达国家的政治面貌。

最晚到2030年，所有发达国家开始享受全额养老金待遇的年龄将会提高到75岁左右，而且健康的养老金领取者的福利将大大低于现今的水准。的确，对于身心相当健康的人士来说，固定退休年龄应该废除，否则工作人口将无法承受养老金的重负。如今工作着的年轻人和中年人已经开始怀疑，等他们自己到了传统退休年龄时，会没有足够的养老金可以支付。然而，世界各地的政客依然装出一副可以挽救现行养老金制度的样子。

无奈的需求

外来移民一定会变成更加热门的议题。柏林著名的德国经济研究院估计，到2020年，德国每年必须引进100万适龄工作的移民才能维持既有的劳动力。欧洲其他富裕国家都是这种状况。日本已经在讨论每年要引进50万名韩国人，5年后再把他们送回本土。除了美国之外，这么大规模地引进外来移民对所有大国而言，都是史无前例的。

我们已经感受到外来移民所带来的政治上的影响。1999年，奥地利右翼排外势力高举"禁止外来移民"的政治纲领，赢得了选举胜利，这让其他欧洲国家极为震惊。类似运动还在比利时的佛兰德语言区（Flemish）以及丹麦的传统自由派和意大利北部滋生。甚至在美国，外来移民也打乱了长期确立起来的政治联盟。美国工会由于反对大规模移民，因而加入了反全球化阵营之中，该阵营在 1999 年世界贸易组织西雅图会议期间组织了暴力示威活动。未来的美国民主党总统候选人可能不得不在两种选民之间做出抉择：要么反对外来移民，争取工会的选票；要么就支持移民，争取拉丁美洲裔和其他新移民的选票。同样，未来的共和党总统候选人也可能必须做出抉择：要么争取提倡引进工人移民的企业界支持，要么争取日趋反对外来移民的白人中产阶级的选票。

即便如此，美国接受外来移民的经验，在未来数十年里，还是领先于其他发达国家。自 20 世纪 70 年代开始，美国就接纳了大量合法和非法的移民。大部分移民都很年轻，根据过去的经验，第一代移民妇女的生育率，通常高于接纳她们的国家的妇女生育水平。这表明在未来 30 或 40 年内，美国的人口将会继续缓慢增长，而其他发达国家的人口却会日渐减少。

移民的国度

不过，只靠人口数量还无法缔造美国的优势。更重要的是，美国已经有了和谐的移民文化，而且很久以前，就学会了如何将移民融入美国的社会和经济之中。其实，最近的外来移民，无论是拉丁裔或是亚裔，融合的速度都比以往快得多。据报道，1/3 的新拉丁裔移民，都是与非拉丁裔或非移民结婚。美国新移民融合的最大障碍之一，反而是美国公立学校令人失望的办学质量。

在所有发达国家中，只有澳大利亚及加拿大有着和美国相同的接受外来移民的传统。日本是坚决排斥外国人的，只在 20 世纪二三十年代接受过一大批韩国移民，而这些移民的后裔现在仍受到歧视。19 世纪大批的移民不是前往空旷、荒芜的地区（如美国、加拿大、澳大利亚和巴西），就是在同一个国家从农村移居到城市。而 21 世纪的移民是以外国人的身份——带着其民族的特点、语言、文化和宗教一起迁移到定居国。到目前为止，欧洲国家在这种融合方面，一直做得不太成功。

人口结构变化最大的影响，可能就是使目前的同质性社会和市场出现裂变。在 20 世纪二三十年代前，每个国家都有多元化的文化和市场，它们被阶级、职业和居住区清晰地区别开来，比如有"农村市场"，也有"上层阶级市场"，但是这两种市场在 20 ~ 40 年间都消失了。第二次世界大战以后，所有发达国家都只剩下一种大众文化、一个大众市场。如今，所有发达国家人口变化的力量都朝向相反的方向，那么过去的同质性还能继续存在吗？

长久以来，发达国家的市场一直受到年轻人的价值观、习惯和喜好的支配。过去半个世纪里，一些最成功、获利最高的企业，例如美国的可口可乐和宝洁公司、英国的联合利华和德国的汉高公司之所以能蓬勃发展，大致上要归功于 1950 ~ 2000 年的年轻人口增长，以及居高不下的成家率。汽车工业在那段时期的情形也是如此。

单一市场的终结

越来越多的迹象显示，市场正在裂变。金融服务业可能是过去 25 年来美国成长最快的行业，而这个市场现在已经裂变。20 世纪 90 年代，疯狂的高科技股日交易额制造出来的泡沫市场，属于 45 岁以下的人群。

但属于50岁以上人群的投资市场，例如共同基金或递延年金，也在快速发展。在任何发达国家中，成长最快的行业可能都是对已受过良好教育的成人继续教育，这是一种有价值取向的教育，它和年轻人文化中所看重的价值是完全不相容的。

另一个可以想象的情况是，一些年轻人的市场将会变得利润极其丰厚。在政府能够推行独生子女政策的中国沿海城市，有报道说，中产阶级家庭花在他们独生子女身上的钱，比过去花在四五个子女身上的钱还要多。日本的情形似乎也是如此。美国许多中产阶级家庭也不惜花大笔金钱在独生子女的教育上，例如为了方便子女进好学校就读而搬到地价昂贵的郊区居住。但这个新兴奢侈的年轻人市场与过去50年具同质性的大众市场是大不相同的。由于步入成年的青少年的数字在不断下降，大众市场已经迅速萎缩。

几乎可以肯定，未来将会存在两种截然不同的劳动力群体，大致上可以分为50岁以下和50岁以上两种年龄段的人群。这两种劳动力的需求和行为可能大不相同，从事的工作也不尽相同。较年轻的群体需要从事比较固定的工作，或至少是一连串的全职工作，以获得稳定的收入。而迅速成长的年龄较长的群体将有更多选择机会，而且还能把传统工作、非传统工作和休闲活动结合起来，创造出最适于自己的组合。

劳动力市场的裂变，很可能会从女性知识技术人员开始。这些护士、电脑科技专才或法律助理可能要腾出15年的时间来照顾小孩，然后再回到职场从事全职工作。在美国，受过高等教育的女性如今已经超过男性，未来这些女性将越来越趋向于在新知识技术领域发展自己的事业。我们知道，女性有生儿育女的特殊需要，她们的平均寿命又越来长，而这些工作恰好能满足她们在这两方面的需求和状况，这真是人类史上头一回。长寿是就业市场裂变的原因之一，50年的工作生涯在人类历史上是前所未见的，若只做一种工作确实是太长了。

劳动力市场裂变的第二个原因是，所有企业和组织的平均寿命都在缩短。过去，组织的寿命通常比员工长；但是未来，寿命超过30年的企业甚至政府机构不会很多。员工，尤其是知识工作者的寿命，会比最成功的组织的寿命都要长。从历史上来看，多数员工的工作生涯都低于30年，因为体力劳动使他们的健康彻底透支。但是，现在的知识工作者20来岁加入劳动力大军的行列，可能工作了50年后仍保有健康的身心。

人的"第二职业生涯"和"第二春"在美国已经变成流行用语。越来越多的员工在确定他们到达传统退休年龄时，可以得到应有的退休金和社会安全权益后，就会尽早退休。但他们并不是从此以后不再工作，而是经常以非传统形式，开始"第二职业生涯"。他们可能会变成自由职业者、兼职员工、"临时员工"、为外包公司工作或自己成为外包人员。（他们经常忘记把自己的工作向税务机关报告，以便增加自己的纯收入。）这种"提前退休，继续工作"的情形，在知识工作者中特别常见。现在，这些人在年满50或55岁的人口中尚属少数，但到了大约2030年时，这些人将会成为美国老龄人口中的最大群体。

注意人口结构变化

未来20年的人口预测可以说已相当确定了，因为将加入2020年劳动力大军的人基本上都已经出生。但是美国过去几十年的经验告诉我们，人口趋势可能会发生突然且不可预期的变化，并产生相当迅速的影响。例如，20世纪40年代末的美国婴儿潮，就引发了50年代房地产业的蓬勃发展。

20世纪20年代中期，美国出现了有史以来第一次婴儿出生率暴跌的现象。1925～1935年，出生率几乎下降了一半，远低于为维持现有人口水准所需要的每个妇女生育2.2个婴儿的出生率。20世纪30年代末期，罗斯福总统召集由美国最著名的人口学家和统计学家组成的美国人口委员会，该委员会信心十足地预言，美国人口将在1945年达到顶峰，然后开始萎缩。但是20世纪40年代末期婴儿潮的爆发，证明他们的预测是错的。在这10年间，平均每位妇女生产的婴儿存活人数翻了一番，从1.8人倍增加到3.6人。1947～1957年，一波惊人的"婴儿潮"横扫美国，在这段时间内，美国每年出生的婴儿数从原本的250万人，增加到410万人。

然后，1960～1961年，情况完全相反。原来预计，当第一波"婴儿潮"出生的人长大成人后，应该会带动第二波"婴儿潮"，结果不然，反而出现了一个很大的出生率暴跌的现象。1961～1975年，出生率从3.7人降到了1.8人，每年出生的婴儿数从1960年的430万人，降为1975年的310万人。接下来又出现一次奇怪的现象：20世纪80年代末期和90年代初期，出现所谓的"婴儿潮回声"：存活的婴儿数目急剧上升，甚至超越第一次"婴儿潮"高峰年代出生数字。事后我们才做出了合理解释：这次的"婴儿潮回声"现象是20世纪70年代初期开始推行的大量移民政策造成的。这些早年移民生育的女孩子在20世纪80年代末期到达生育年龄，与其后来定居国家的出生率相比，她们的生育率仍然比较接近其父母亲的祖国,而不是接近其后来定居的国家。在 20 世纪的最初 10 年里,加州整整有 1/5 学龄儿童的双亲中至少有一位是在外国出生的。

但没有人知道是什么原因造成两次婴儿出生率暴跌的现象,也没有人知道 20 世纪 40 年代形成"婴儿潮"的原因。两次婴儿出生率暴跌的现象都发生在经济状况相当好的年代里。从理论上来看,这种时期应该会鼓励大家多生孩子。另外,若从历史经验来看,重大战争之后的出生率总是会有下降,照理说不会出现 20 世纪 40 年代的"婴儿潮"现象。事实上,我们根本不知道决定现代社会的出生率的因素到底是什么。因此在下一个社会,人口结构不仅是最重要的因素,也是最不可测又最难控制的因素。

新劳动力

一个世纪前,发达国家绝大多数人都从事体力工作,如务农、做家务、在小型手工作坊和工厂工作(后者在那个时代仍是少数)。50 年以后,在美国的劳动力中,体力劳动者的比率大约下降了一半,工厂工人成为劳动力中的最大群体,占所有劳动力总数的 35%。如今又过了 50 年,美国工人当中,只有不到 1/4 的人靠体力劳动为生。工厂工人仍然是体力劳动人口中最大的群体,但在所有劳动力中,工厂工人已降到大约 15%,跟 100 年前的情形相差不多。

在所有的工业大国中,美国如今的工厂工人占整体劳动力的比率最低,英国次之,居第二位;在日本和德国,这个比率仍约占 1/4,不过也在持续下降。这些数字的计算在某种程度上要看你如何定义。例如,福特汽车之类的制造业公司，它的数据处理人员在人口统计时，会被按制造业从业人员来计算，但是如果福特公司把数据处理工作外包出去，做相同工作的这批人，就会被归类为服务业从业人员。然而，我们不必在这一点上大做文章。制造业的很多研究都表明，在工厂工作的实际员工人数下降的情况，大致跟全国统计报告中的下降程度类似。

在第一次世界大战前，英语里还没有一个词可以用来指代不以体力劳动谋生的人。"服务员工"（service worker）这个名词大约是在 1920 年被创造出来的，只是后来它容易造成误解。近年来，在所有非体力劳动者中，服务员工的数目实际上不到一半。在美国和其他任何一个发达国家的劳动人口中，唯一发展最快的是"知识工作者"，这些人的工作需要正规的高等教育，他们现在占美国劳动力的 1/3，是工厂工人的两倍，再过 20 年左右，他们将占所有富裕国家劳动力人口约 2/5 的比例。

出现"知识产业""知识工作"和"知识工作者"这些名词，也不过是最近 40 年的事。最初是在 1960 年前后，分别由不同的人同时创造出来。第一个名词是由普林斯顿大学的经济学家弗里茨·马克卢普（Fritz Machlup）提出的，另外两个名词则是我自创的。现在每个人都会用这些词，但几乎没有人理解这些概念对人的价值观和行为、对人的管理和提高其生产力以及对经济和政治的影响。不过有一点很清楚，就是正在出现的知识社会和知识经济，将会跟 20 世纪末的社会和经济截然不同，这主要表现在以下几个方面。

首先，从整体而言，知识工作者是新生的资本家。知识已经变成关键且唯一稀缺的资源，这表明知识工作者都是拥有生产工具的。但作为一个群体，知识工作者也符合传统定义下的资本家：通过退休基金和共同基金持有上市公司的股份，他们已经成为知识社会中许多大企业的主要股东和所有者。

有效的知识必须是专业化的，这表示知识工作者必须进入组织——因为组织可以把各种知识工作者集合起来，使其应用各自的专业追求共同成果。例如，中学里最有才华的数学教师，如果没有学校的聘请，他的才智也无法发挥；产品开发顾问再有创意，如果没有有能力、组织完善的企业将其建议转化为行动，他的创意也无从实现；同样地，软件设计师再高明，如果没有硬件生产商，他同样无用武之地。但是反过来说，学校需要数学教师，企业需要产品开发顾问，电脑制造商则需要软件设计师。因此，知识工作者把自己看成是"专业人士"，而不是"雇员"，与那些聘请他们服务的人平起平坐。知识社会是由初学者和资深者构成的社会，而不是老板和下属构成的社会。

男性与女性

这一切对妇女在劳动力中担任的角色，都有重要的意义。从历史上看，妇女参与劳动的情况总是和男性不相上下，即使在富裕的19世纪，闲坐香闺、不从事劳动的女性也是少之又少的。田地、手工艺人的作坊或是小商铺，都必须由夫妻共同经营，才能生存下去。一直到20世纪初，医生若没有结婚也是不能行医的，因为医生需要妻子安排看病时间、开门、记录病历以及寄送账单。

虽然妇女一直在工作，但自远古以来，妇女所做的工作就跟男性不同，那时就有了所谓男性工作和女性工作之分。《圣经》上记载了无数女性到水井去打水的故事，却从来没有一个男人这样做过。纺织工作似乎也是女人的专利。现在的知识工作倒是"不分男女的"，这不是出于女权主义者的压力，而是因为这种工作男女都可以做得很好。然而，最初在设计知识工作时，其实只是为某一性别单独设计的。例如，教师这一职业是在1794年发明的，这一年巴黎师范学院成立，当时教学严格地定为是男性的工作。60年后，在1853～1856年的克里米亚战争（Crimean War）期间，南丁格尔创设了第二种新的知识工作——专业护理，它被视为纯粹的女性工作。但是到了1850年，各国的教学工作已经变成男女皆宜的工作；2000年时，美国护理学校的学生当中，有2/5是男性。

欧洲在19世纪90年代以前是没有女医生的。最早获得医学博士的欧洲女性之一，伟大的意大利教育家玛丽亚·蒙特梭利（Maria Montessori）曾经说过："我不是女医生，我是一个医生，碰巧是一个女人。"这个道理同样也适用于所有的知识工作。知识工作者，无论性别为何，都是专业人士，使用同样的知识，做同样的工作，用同样的标准来管理，也用同样的成果来衡量。

一些需要高级知识工作者的职业，诸如医师、律师、科学家、神职人员和教师，已经出现很久了，虽然直到过去100年间，他们的数目才开始大量增长。然而，最大的知识工作者群体在20世纪开始时，几乎是不存在的，直到第二次世界大战之后才开始增长起来。他们是知识技术人员，他们大部分的工作属于体力劳动（就这点而言，他们是熟练工人的接班人），但他们的薪水取决于头脑里的知识，这些知识是通过正式的教育得到的，而不是通过学徒获得的。他们包括X光技师、物理治疗师、超声波检验师、精神科治疗工作人员、牙科技师等很多职业。过去的 30 年中，医疗技术人员是美国劳动力中成长最快的一个群体，在英国也是如此。

未来二三十年中，电脑、制造业和教育行业方面的知识技术人员的数目很可能增长得更快，而办公室里的技术人员如律师助理，也会迅速增加。无独有偶，昔日的"秘书"正在迅速转变为"助理"，成为老板办公室及其工作的经理人。在未来的二三十年间，知识技术人员会成为发达国家劳动力的主流，其地位会如 20 世纪五六十年代的权力高峰时期，工会里的工厂工人一般。

对于这些知识工作者而言，最重要的是他们并不认为自己是"工人"，他们认为自己是"专业人士"。虽然很多知识工作者会花很多时间，做一些非技术性工作，例如整理病床、接电话或整理档案等；但是，在他们自己和公众的心目中，这些人使用正规知识从事的工作，才是界定他们身份的主要依据，这一点让他们成了名副其实的知识工作者。

这类工作者有两大需求，一是正规教育，这是他们从事知识工作的必要条件；二是在职进修，这让他们的知识可以不断更新。培养高级知识专业工作者如医师、牧师和律师的正规教育，已经存在好几个世纪了，但是以系统化、组织化的方式培养知识技术人员，目前只有几个国家在做而已。不过历史告诉我们，只要人类有新需求出现，就会有新机构来满足，在未来几十年内，以培养知识技术人员为宗旨的教育机构，也将在所有发达国家和新兴国家迅速成长。不同于以往的是，针对受过良好教育并具备高深知识的成年人的继续教育的需求，将成为一大重点。在过去，一个人的教育在他开始工作之后就停止了；但是在知识社会，则是活到老，学到老。

知识不同于传统技术，传统技术的改变非常缓慢。西班牙巴塞罗那附近的一座博物馆里，收藏了大量罗马帝国晚期工匠使用的手工具。这些工具跟目前还在使用的工具非常相似，现在的任何一名工匠都能立即辨认出来。因此，就技术训练的目的而言，这个假设是相当合理的：一个人在十七八岁时学到的东西可以受用终身。

相反，现在的知识很快就落伍了，知识工作者必须定期回到学校，因此，为已受过高等教育的成人提供继续教育，将会成为下一个社会高速发展的产业。大部分继续教育将以非传统的方式进行，从周末研讨会到网上培训课程，应有尽有；教学可以在任何地方，从传统的大学到学生家里进行。一般认为，信息革命将对教育、传统学校和大学都会产生重大影响，其实它对知识工作者的继续教育的影响或许更大。

知识工作者通常会以自己所获得的知识来识别自己的身份。他们自我介绍时，会说"我是人类学家"，或者"我是理疗师"。他们可能会以自己所服务的组织为荣，不管这个组织是公司、大学还是政府，但他们认为自己"是在这个组织里工作"，而不是"属于这个组织"。他们中的大部分人可能会感到，与组织中从事不同知识领域工作的同事相比，他们与其他组织中从事与其相同专业的人有着更多的共通之处。

尽管知识作为一个重要资源的出现，意味着专业化程度越来越高，但知识工作者在自己的专业领域中，却具有高度的流动性。只要能始终留在同一个知识领域里，他们并不在乎从一所大学或一家公司，换到另一所大学或另一家公司，也不在乎从一个国家换到另一个国家。很多人在谈论要恢复知识工作者对雇主的忠诚度，但这样的努力终究还是徒劳无功。知识工作者可能会依附于某个组织，并对此感到很惬意，但他们效忠的主要对象很可能是自己的专业知识领域。

知识没有高低之分。在某个特定情况下，知识要么派得上用场，要么就没有用武之地。负责做心脏手术的外科医生，其薪水可能比语言障碍矫正师要高，社会地位也高得多，但是，如果要为中风患者进行康复治疗，那么在这种情况下，语言障碍矫正师的知识就会远远胜过心脏外科医生。这就是为什么所有的知识工作者都认为自己不是"下属"，而是"专业人员"，而他们也期望受到如此的待遇。

金钱对任何人来说都一样重要，知识工作者也不例外。但是他们既不认为金钱是最终的衡量标准，也不认为金钱可以替代专业绩效和成就。昔日的工人主要是把工作当成谋生的方式，而今天大多数的知识工作者却认为，工作是一种生活方式，两者形成鲜明对比。

永远向上流动

知识社会是第一个可以让人毫无限制地向上发展的社会。知识和其他生产工具最大的不同，就是不能继承或遗留给后代，要获得知识，每个人都必须从头学起，每个人生来都是同样的无知。在这一点上，人人生而平等。

知识必须整理成某种形式才能教授，这表明知识必须向大众开放，成为普遍都能获取的东西，即使现在还不是如此，也很快就能做到。这让知识社会变成高度流动的社会，任何人都可以通过格式化的学习过程，在学校学习各种知识，而不是通过给师傅当徒弟。

1850年时，甚至可能到1900年时，人类社会几乎都还不具有什么流动性。以印度的世袭种姓制度为例，在该体制下，出身不但决定一个人的社会地位，也决定这个人的职业。这固然是一个极端的例子，其他社会也好不到哪里去，例如在大多数社会中，如果父亲是农民，儿子通常也是农民，女儿则会嫁给农民。大体而言，唯一的流动是向下流动，原因不外乎战争、疾病、个人的不幸或诸如酗酒、赌博之类的恶习。

即使在美国，这个机会无限的国度，向上流动的机会也远比一般人想象得要少得多。在20世纪上半叶，美国大部分的专业人士和管理者，仍是专业人士和管理者的后代，而不是农民、小店主或工厂工人的后代。当时美国和大多数欧洲国家之所以不同，不在于美国向上流动的机会多，而在于美国社会很欢迎、鼓励和珍惜任何向上流动的态度。

知识社会则更加肯定这种向上流动性：它将任何妨碍上进的东西，都视为一种歧视。这意味着社会现在希望每个人都变成"成功人士"，这在过去是一种十分可笑的观念。自然，只有少数人可以特别成功，但大部分的人也渴望一定程度上的成功。

1958年，约翰·加尔布雷思（John Kenneth Galbraith）在其著作里第一次谈到"富裕社会"，这是个并非有更多富人，也不是富者更富，而是让大多数人能在财务上感到安全的社会。在知识社会里，很多人，甚至可能是大部分人，都有一些比财务安全感更为重要的东西，那就是社会地位或"社会财富"。

成功的代价

然而，知识社会的向上发展的代价高昂，疯狂的竞争会造成心理压力和情绪创伤。只要有赢家，就一定会有输家，这样的情形在过去的社会是看不到的。没有土地的佃农的儿子也成为没有土地的佃农，这不算失败。然而在知识社会里，这样的人不仅对个人而言是个失败者，在社会上也是失败者。

日本的青少年睡眠严重不足，因为他们晚上要上补习班进行填鸭式的学习，以便通过大大小小的考试，否则就考不上理想的大学，更无法得到一份好工作。这种压力使学生反感学习，更威胁到日本引以为傲的经济平等，可能让日本变成富豪统治的国度，因为只有富裕的父母才负担得起昂贵的教育费用，培养子女进入大学。其他国家如美国、英国和法国，如今也允许学校变成激烈竞争的场所，仅仅在短短的三四十年内就发生了这种事情，这表明在知识社会中，人们有多么害怕失败。

由于竞争如此激烈，越来越多极为成功的男女知识工作者，包括企业管理者、大学教师、博物馆馆长和医生等，到40多岁就已经陷入了停滞的状态中。他们知道自己已经达到事业生涯的巅峰，如果工作是他们的一切，他们就有麻烦了。因此知识工作者需要发展，最好趁还年轻的时候，就开始过另一种非竞争性的生活，并拥有属于自己的社区，应该发展其他的一些兴趣，不论是在社区当志愿者，还是在当地交响乐团中演奏，或是积极参与地方政府中的公共事务，这是他们创造个人成就和做出个人贡献的重要机会。

制造业的矛盾

20世纪的最后几年，美国经济进入了最繁荣的时期，欧洲大多数国家的经济也相当繁荣。当时，汽车产量创下了新高。而与此同时，钢铁工业最大宗的产品，即用来生产汽车车身的热轧钢卷的全球价格，却从每吨460美元，暴跌至每吨260美元，这种例子可以说是如今整个制造业的缩影。1960～1999年，制造业占美国国内生产总值比重和总就业比率几乎都下降了一半，大约只剩下15%，而在这40年的时间里，制造业实际的生产量却增加了两三倍。1960年时，制造业是美国经济的中心，也是所有其他发达国家经济的中心；而到了2000年，作为美国国内生产总值贡献者的制造业被金融业轻易地超过了。

过去的40年里，制造业产品的"相对购买力"（经济学家所说的"贸易"）下降了3/4，剔除通货膨胀的影响，制造业产品的实际价格下降了40%；而与此相比，医疗和教育这两种主要的知识产品，实际价格却大约上升了3倍之多，几乎与通货膨胀的速度一样快。因此，在2000年要购买这两种主要的知识产品，必须付出高于40年前制造业产品价格5倍的价钱。

制造业工人的购买力也下降了，只是其降幅远远低于制造业产品价格的降幅。不过由于制造业工人的生产力急剧上升，使得工人的实际收入还是有保障的。40年前，制造业的人工成本大约占制造业总成本的30%，而现在，成本普遍都降到了12%～15%。即使在劳动力最密集的汽车工业里，在科技最先进的工厂中，人工成本也不超过20%。制造业工人，尤其是美国的制造业工人，已经不再是消费市场的主力。然而就在美国制造业产量相对停滞、就业机会大幅下降之时，全美消费品销售总额却几乎丝毫无损。

让制造业产生如此翻天覆地的变化，并使其生产力急剧上升的因素是新概念的出现。但和 80 年前问世的大规模生产线相比，信息和自动化所产生的作用要逊色得多。最引人瞩目的例子就是丰田汽车的"精细生产"，他们放弃了机器人、电脑和自动化，用五六支从超级市场买来的吹风机代替自动化和电脑控制的喷漆烘干线。

制造业的发展轨道与早期农业如出一辙。从 1920 年开始，所有发达国家的农产品产量都开始飞速增长，第二次世界大战之后更是加速发展。在第一次世界大战之前，很多欧洲国家的农产品需要依靠进口，而现在只剩下日本是唯一的农产品纯进口国，现在每个欧洲国家都有大量过剩的农产品卖不出去，而且数量还在不断增加之中。就数量而言，今天多数发达国家的农产品，可能至少是 1920 年的 4 倍，1950 年的 3 倍，只有日本除外。在 20 世纪初，多数发达国家的劳动人口多半是农业人口，而现在，这个比率已不到 3%。同样，在 20 世纪初，多数发达国家国内生产总值比例构成中，最大的就是农业；而到了 2000 年，美国农业对国内生产总值的贡献值却不到 2%。

制造业不可能像农业那样大幅度地提高产量，在创造财富和就业机会的能力上，也不可能像农业这样骤然萎缩。但根据可靠的预测，到 2020 年，发达国家制造业的产量将会翻番，而其就业人数会缩减到总劳动力的 10%～12%。

在美国，这种转型大致上已经完成，引起的混乱少之又少，唯一遭到重创的群体是非裔美国人。对非裔美国人而言，第二次世界大战后制造业就业机会的增加，使其经济地位得以迅速提升，而现在其就业机会却急剧减少。但总体而言，即使在高度依赖几个大型工厂的地方，失业率也只是短暂地居高不下，对美国政治的冲击也是有限的。

然而，其他工业国家是否也能像美国那样轻松过关呢？在英国，制造业就业人口的急剧下降，虽然没有造成什么社会动荡，不过似乎产生了一些社会和心理问题。那么其他国家又会发生什么情形？像德国或法国，劳动力市场一直保持僵化陈旧的模式，直到现在，人们也没有太多的机会通过教育来改变其社会地位。这些国家已经有大量似乎难以解决的失业问题。德国的鲁尔区和法国里尔附近的旧工业区就是例子，两国可能会面临痛苦的转型期，并伴随着严重的社会动荡。

最大的问题是日本。日本没有工人阶级的文化，长期以来，日本人珍视教育，认为它是提升社会地位的手段。而日本社会的稳定乃是基于就业保障，尤其是大型制造业蓝领工人的就业保障，可是这种保障正在迅速消失。在20世纪50年代，为蓝领工人引进就业保障之前，日本一直是一个劳工极端动荡不安的国家。现在，制造业劳工人口大约占总就业人口的1/4，仍高于所有发达国家。而且，日本几乎没有劳力市场，劳工流动性也很低。

在心理上，日本人也没有做好准备来应对制造业的衰退。毕竟，日本在20世纪后半叶之所以能够崛起，成为经济强国，靠的就是制造业，才成为20世纪全球制造业大国。大家决不应该低估日本人，纵览日本的历史，日本人一向都能展现无与伦比的能力，来面对现实的挑战，它几乎可以在一夜之间彻底改变。但制造业的衰微，使日本也面临有史以来最严峻的挑战。

制造业不再扮演创造财富和就业机会的角色了，这种状况改变了世界经济、社会以及政治格局，也使得发展中国家或地区越来越难以创造"经济奇迹"。而在20世纪下半叶，一些发展中国家或地区，像日本、韩国、新加坡以及中国台湾地区和中国香港地区，利用发达国家的技术和生产力以及自己国家或地区廉价的劳力，生产制造产品并出口到发达国家，曾经一度创造过经济奇迹。而现在，这种策略已行不通了。

要使得经济发展，唯一可行的方法可能就是将发展中国家或地区的经济与发达地区结合起来。墨西哥新任总统维森特·福克斯就抱有这种想法，他提倡将包括美国、加拿大、墨西哥在内的"北美洲"彻底整合。在经济上，这种做法很有道理；但在政治上，却几乎是无法想象的事情。另一个方法就是效仿中国所走的道路，即设法建立国内市场，以促进经济的增长。印度、巴西和墨西哥也有众多的人口可以推动以国内市场为基础的经济发展，至少在理论上是可行的。但是，像巴拉圭或泰国这样较小的国家，能否被允许向巴西这类新兴国家的大市场出口产品呢？

除此之外，制造业的衰微不可避免地会带来新的保护主义，这又再次重蹈早期农业的覆辙。在20世纪，农产品的价格和就业机会每减少1%，包括美国在内的每一个发达国家的农业津贴和保护就至少会提高1%，而且通常还会更多。农民的数目萎缩之后，就会形成一个统一的特殊利益群体，于是农业选票变得越来越重要，在所有富裕国家中，其影响力都高得不成比例。

制造业的保护主义已经显露出来，尽管它趋于采用补贴的形式而不是传统的关税形式。新的区域性经济团体，如欧盟、北美自由贸易区或南方共同市场的形成的确创造了内部壁垒较少的大型区域市场，但是，这种经济团体是用更高的壁垒阻隔该区域以外的制造商以保护其自己的市场。名目繁多的非关税壁垒正在逐步形成和扩展：在美国新闻界发布钢板价格下降40%的同一周内，美国政府却以反"倾销"为由禁止钢板进口。如今，发达国家坚持在发展中国家实施平等劳动法和适当的环保法规的主张，无论其目的如何值得称许，已经对这些发展中国家的制造业形成了强大的出口壁垒。

人数越少，力量越大

政治上也是如此，制造业的工人越少，在政治上的影响力就越大，这一点在美国尤其明显。以 2000 年的总统大选为例，劳工选票就比四五十年前重要得多，原因是工会成员的人数大量减少，只占投票人口中非常小的比例，由于感到岌岌可危，促使他们团结一致。几十年前，美国工会成员有相当一部分人投票给了共和党，而在去年的总统大选中，据称，有超过 90% 的工会会员都把票投给了民主党（尽管他们所支持的候选人还是输掉了选举）。

100 多年以来，美国工会一直是自由贸易的强有力的支持者，至少他们在口头上是这样表示的。而在过去几年里，他们却变成了坚定的贸易保护主义者，甚至高声反对"全球化"。尽管对制造业工作机会的真正威胁并非来自国外的竞争，而是由于制造业本身能创造的就业机会正在快速减少：在制造业工作机会下降的同时，制造业的生产量居然上升了。这种现象不仅令工会成员无法理解，政客、新闻记者、经济学家以及整个社会大众也是如此。大多数人仍认为，当制造业就业机会减少的时候，国家的制造业基础就会受到威胁，因此必须予以保护。他们有史以来第一次面临一个很难让人接受的事实：社会和经济已不再受体力劳动支配，一个国家仅需要很小一部分人口从事此类工作就能做到丰衣足食。

新保护主义受到怀旧情绪以及根深蒂固的情感的驱使，同样也受经济上的私利和政治权力的驱使。然而这种做法却丝毫没有收获，因为"保护"一种日渐衰落的产业是徒劳无功的，70年来的农业补贴政策就是一个明显的教训。自从20世纪30年代开始，美国就在玉米、小麦和棉花这些古老的农作物上投入千百亿美元的巨额资金，却收效甚微；而像大豆这类未受保护以及未经补贴的新农作物却反而兴旺茂盛。这个教训清楚地告诉我们：为保留多余的人而资助过时行业的政策有百害而无一利。资金应该用于补贴年龄较大、被裁员的人，同时重新训练和安排比较年轻的工人。

公司会幸存下来吗

公司诞生于19世纪70年代前后，一般都基于以下五大假设。

（1）公司是"主"，雇员是"仆"。因为公司拥有生产工具，没有这些生产工具，员工就不能谋生。因此，雇员对公司的需要大于公司对雇员的需要。

（2）绝大多数雇员是全职员工，薪水是他们养家的唯一收入来源。

（3）生产的最有效方式是，在一个管理系统的领导下，尽可能多地将生产产品所需的活动集中起来。

第二次世界大战以后，一位名叫罗纳德·科斯的英裔美国经济学家提出了这一概念的理论基础。他认为，将所有生产活动集中在一家公司内能降低"交易成本"，尤其是沟通成本（这一理论使他获得了1991年的诺贝尔经济学奖）。其实，约翰·洛克菲勒早在七八十年前就发现并应用了这一概念。他认为，把勘探、生产、运输、精炼、销售纳入一个公司体系中，可以最大限度地提高石油生产的效率并降低成本。基于这个理念，他建立了标准石油托拉斯，这很可能是商业史上盈利最多的大企业。在 20 世纪 20 年代初，亨利·福特把这个概念发展到了极致。福特汽车公司不但自己生产所有的汽车配件，还组装汽车，自己制造钢铁、玻璃和轮胎。公司在亚马孙河流域拥有橡胶种植园，拥有并经营运载物料和成品的铁路线，并且计划成为销售所有福特汽车的经销商，并提供售后服务，不过这一目标最终没有实现。

（4）供应商尤其是制造商在市场上占有优势，因为他们掌握着消费者不知道也不可能知道的产品或服务信息。如果消费者相信该产品或服务的品牌，就不需要知道这些信息，这说明了为什么品牌具有获利的能力。

（5）任何一种特定的技术都有一个专门依赖它的产业，而且只有一个。反之，任何一个特定产业也都有一项专属于它的技术，同样只有一个。换言之，制造钢铁所需的一切技术，都是钢铁业自己研发出来的。同样的原则也适用于造纸业、农业、银行业和商业。

基于这项假设，许多产业研究实验室应运而生。1869 年，第一个产业实验室由德国西门子公司创立；而 IBM 公司则于 1952 年，在美国建立起最后一个传统型实验室。这些实验室都专心致力于单一产业所需的技术，而且都假设实验室的发现只适用于自己所属的那个产业。

同样，每个人都想当然地认为，每种产品或服务都有一种特定的用途，而每种用途都对应一种特定的产品或材料。因此，啤酒和牛奶只能装在玻璃瓶里出售；汽车车身只能用钢材制造；一家公司需要的运营资金只能通过商业贷款由商业银行提供，等等。因此，竞争主要发生在产业内部。大致来讲，一家公司从事什么业务，市场在哪里，都是显而易见的事情。

一切都各就各位

以上这些观念在整整一个世纪里都行之有效，但从20世纪70年代起，它们无一例外地都遭到了被颠覆的命运。现在通行的观念是：

（1）知识是生产工具，为知识工作者所有，并具有高度的可移动性。这点同样适用于高级知识工作者，如科学家；也适用于知识技术人员，如理疗师、电脑技术员和法律助理。知识工作者提供"资本"，与企业主提供的资金是一样的，两者彼此依赖，这使得知识工作者获得了与企业主平起平坐的地位，变成平等的合伙人或者伙伴。

（2）很多雇员，也许是大多数雇员，将仍然从事全职工作，薪水也仍然是他们收入的唯一或主要来源。但是，为一个组织工作的人员当中，将会有越来越多不是全职工作的员工，他们是兼职人员、临时人员、顾问或承包人。即便是全职员工，也有越来越多的人不再是他们所服务机构的雇员，而是外包公司的雇员。

（3）注重"交易成本"本身存在着局限性。亨利·福特无所不包的福特汽车公司，最终被证明是无法管理的，而且还是一个大灾难。如今企业应该尽量整合各种生产活动的金科玉律，可以说完全失灵。原因之一就是，任何活动需要的知识，都已经变得高度专业化。维持企业内每项主要任务的基本运营越来越困难，成本也不断攀高。另外，知识还必须经常使用，否则就会迅速落伍，在组织内保留那种只是断断续续使用的知识，肯定是没有什么意义的。

不再需要整合的第二个原因，是沟通成本飞速下降，如今已经变得无足轻重了。沟通成本的下降早在信息革命之前很久就开始了，最重要的原因可能是商业知识的增长与普及——当洛克菲勒创设标准石油托拉斯时，想要找一个懂得基本记账方式或听说过最常用的商业术语的人，都十分困难。那个时代既没有商业教科书，也没有商业课程，因此要进行这方面的沟通，交易成本是非常高的。而60年后，到了20世纪五六十年代，那些标准石油托拉斯解散以后成立的大型石油公司可以自信地认为，他们的高级职员都通晓商业知识。

如今，互联网和电子邮件等新信息技术，已经消除了物理上的沟通成本。这意味着最有生产力、最能创造利润的方式是分权式组织。分权的观念已经延伸到越来越多的业务活动当中。将组织中的信息技术、数据处理和电脑系统外包出去的做法已是家常便饭。20世纪90年代初期，包括苹果电脑公司在内的大多数美国电脑公司，甚至将电脑的硬件生产也外包给了日本或新加坡的制造商。20世纪90年代末期，几乎每家日本消费性电子公司，都将为美国市场生产的产品，外包给了美国承包商来生产。

过去几年里，200多万美国员工的人力资源管理，包括雇用、解雇、培训、福利等，都外包给了专业雇主组织。这类组织10年前还根本不存在，但现在正以每年30%的速度增长。起初，这些公司主要服务于一些中小型企业，该行业的领头羊，成立于1998年的埃克斯特公司，客户中有很多公司是《财富》500强企业，包括英美石油巨人阿莫科公司以及电脑制造商优利系统公司。麦肯锡公司的一项研究报告显示，采用这种外包人事关系管理方式，企业能够节省高达30%的成本，还能提高员工的满意度。

（4）现在的顾客拥有更多的信息。但是，目前互联网还缺少跟电话簿一样便捷的东西，用户还不能轻易找到自己要的东西，还需要点击搜索。但信息就在互联网上，而收取费用、替用户查找信息的公司正在快速发展。现在，拥有信息就等于拥有权力，权力已转移到顾客的手中，不管顾客是另一家企业还是最终消费者。这点已清楚地表明，供应商，也就是制造商不再是卖方，而变成了替顾客采购的买方，这种情形已经出现了。

通用汽车公司现在仍是世界上规模最大的制造商，多年来，它也是最成功的销售公司。去年，通用汽车公司宣布成立一家公司，其主要业务是为其终端消费者提供采购服务。虽然这家公司完全由通用投资，但在经营上是自主的。它替顾客选购汽车时不以通用汽车为限，而是根据顾客的偏好、价值观和经济状况来选择最合适的车种和款式。

（5）最后，独一无二的技术已经没有多少了。越来越多的产业会从完全不同的技术领域中获取所需知识，而该产业内的人对此技术常常知之甚少。比如，电信业里许多人不了解光纤电缆是怎么回事，它其实是由一家名叫康宁的玻璃公司研发出来的。而第二次世界大战后贝尔实验室一半以上的重要发明都应用在电话以外的行业。

贝尔实验室过去50年中最重要的发明是晶体管——现代电子工业正是凭借它而诞生的。可是，在贝尔电话公司看来，这项革命性的新发明几乎毫无用处，因此，谁要就给谁吧。正是晶体管把索尼乃至日本打造成消费电子产业的龙头老大。

谁需要研究实验室

现在的实验室主任和高科技企业家都认为，公司直接成立研究实验室这个19世纪引以为傲的发明现在已经落伍了。这也是为什么越来越多企业的发展和成长，靠的不是单打独斗，而是通过合伙、合资、联盟、少数股权参与以及和不同产业、不同技术的许多机构签订知识技术协定来实现。两个性质完全不同的机构联合，如一个营利性公司和大学里的院系合作，或是州、市政府将清扫街道或管理监狱工作外包给企业，如今已越来越普遍，这在50年前是难以想象的。

实际上，任何产品或服务都不再只有单一的用途，也不能再独占市场。商业票据与银行商业贷款在竞争；纸板、塑胶、铝制品和玻璃制品在竞争瓶装市场；玻璃在电缆上已经取代了铜；在美国，家庭的房屋通常都用木头和塑料作为建筑的材料，但现在也开始使用钢材了；递延年金击败了传统的人寿保险，但保险公司接着又取代了金融服务机构，成为商业风险的管理者。

因此，一家"玻璃公司"可能必须根据自己精通的业务来重新定义自己，而不是根据过去自己使用什么专门材料来定义自己。世界最大的玻璃厂商之一康宁公司，卖掉了它仍然获利的传统玻璃制造部门，成为最大的高科技材料生产商和供应商。美国最大的制药公司默克公司从单一的制药业务进入了多元化发展，成为各种医药制品的总经销商，其经销的大部分药品甚至不是默克公司制造的，而且很多是竞争对手的产品。

同样的情形也出现在非营利部门：一些由产科医生独立经营的"接

生中心"在与美国医院的产科竞争。英国早在互联网出现之前,就创建了"开放大学",让民众不必到校上课,照样可接受大学教育并取得学位。

未来的公司

有一件事可以确定,将来肯定不会只有一种公司,而会出现多种不同类型的公司。现代公司是美国、德国和日本同时发明的,但又彼此独立。它是彻头彻尾的新生事物,完全不同于已有1000年历史的"经济企业",即小规模、私人所有和个人亲自运作的公司。1832年英国的麦克兰报告是有史以来第一份企业普查,它发现,除英格兰银行、东印度公司这样的准政府机构以外,几乎所有的公司都是私人的,而且雇员人数不超过10人。可是40年后,一种拥有数千名员工的新组织出现了,例如由美国联邦政府和各州支持修建的美国铁路和德国的德意志银行。

无论公司开在哪里,它都具有民族特色,且需要遵循各国不同的法律。除此以外,各地的大型公司在经营方面都与所有者经营的小公司十分不同,而且不同产业的公司之间,其内部文化、价值观和使用的语言等也都有相当大的差异。各地的银行都很相似,各地的零售商或制造商也是如此,但是各地的银行与零售商或制造商之间却没有什么相似之处。除此以外,各地公司之间的差异是风格上的差异,而非本质。现代社会中所有其他组织也是如此,无论是政府机关、部队,还是医院、大学等。

到了1970年前后，这一潮流发生了转变。首先是作为新型所有者的机构投资者出现了，如养老金基金和共同基金；接着，更具有决定意义的，作为经济重要新资源和社会代表阶级的知识工作者也出现了。结果，公司发生了根本性变化。

下一个社会中，银行仍然不会与医院相似，也不会遵循同样的运营模式，但银行与银行间的区别会非常明显，这取决于它们对劳动力、技术和市场变化所做出的不同反应。许多不同的模式可能会应运而生，其间的差异最可能出现在组织和结构上，也有可能出现在认可和奖励方式上。

同样的法律实体，比如企业、政府机关或大型的非营利组织，很可能包含若干个不同的、相互关联的人事组织，但这些组织的管理都是独立且有差异的。其中一种是传统组织的全职员工。另一种是关系密切和年纪较长，但并非受雇于组织，而是以伙伴或盟友的角色为组织服务的人。还有一种人在地位上比较处于边缘地带，这些人为组织工作，甚至可能从事全职工作，却是另一家外包公司的雇员。这些人与他们服务的公司并无雇用合同关系，因此企业也无权控制他们。他们不一定非得"接受管理"，但需要激发生产力。因此，这些人必须被安置在能够发挥其知识专长的地方，以发挥他们最大的贡献。虽然有关"知识管理"的说法很多，但至今还没有人真正知道该怎样去操作。

同等重要的还有，必须让该类组织的每一个人感到满意。于是，如何吸引并留住他们，就成了人员管理的中心任务。我们已经知道靠贿赂是行不通的。过去10~15年里，美国很多企业用奖金或认股权方式来吸引和留住知识工作者，这样的做法总是失败。

有句老话，你不能只雇用一双手，一定要雇用整个人。你也不能只雇用这个人，而是连他的配偶一起雇用。当配偶提前花掉了你曾允诺的奖金和认股权之后，员工的奖金却因公司利润减少而化为泡影，或股价的下跌使得认股权变得一文不值，这时，员工及其配偶就会产生不满，觉得公司背叛了他们。

当然，公司必须提供让知识工作者感到满意的薪水，因为对收入与福利的不满足会让人感到非常受挫。但对知识工作者的激励机制应该是不同的。管理知识工作者更应基于这样的前提，即公司对他们的需要远远高于他们对公司的需要。他们知道自己可以离开，他们既有流动性又很自信，这就意味着公司必须采用非营利组织对待志愿者的方式来对待和管理他们。这些人想要知道的第一件事就是公司的目标是什么？打算向什么方向发展？此外，他们对个人成就和个人责任更感兴趣，公司必须把他们放在适合的位置上。知识工作者渴望继续学习和培训。最重要的是，他们希望受到尊敬，倒不是尊敬他们本人，而是尊敬他们的专业领域。就这方面而言，他们比传统工人进步了很多，传统工人通常期待别人告诉他们做什么，虽然传统工人也逐渐期待参与管理，与此相比，知识工作者则希望在自己的领域内，自己做决策。

从公司到联盟

80年前，通用汽车公司首先发展了组织和组织结构的概念。今天，世界各地的大公司都以此为基础。通用汽车还发明了明确的高层管理的理念，现在该公司也正在进行一系列新的组织形式实验。通用汽车正在从一个由所有权控制的单一公司，转变成一个靠经营管理控制的集团，通用汽车公司只持有其他公司的少数股份。通用汽车目前控制汽车业中历史最悠久、规模最大的汽车厂商之一——意大利的菲亚特公司，但它并不拥有这家公司；通用同时还控制着瑞典的绅宝汽车公司以及日本的铃木和五十铃公司。

与此同时，通用汽车公司通过成立一个独立的德尔福公司，使自己从制造业脱身出来。德尔福制造的零部件占生产一辆汽车总成本的60%～70%。通用并不拥有制造零部件的供应商，也不控制这些供应商。未来，通用汽车公司还准备通过互联网竞拍来购买零部件。通用已经与其竞争对手福特公司和戴姆勒-克莱斯勒公司合作，共同创建了一个独立的负责采购的合资企业，目的就是为其成员提供质优价廉的产品，不论货源来自何处，通用也邀请其他汽车制造商加入。

通用汽车公司仍然会设计自己的汽车，仍然制造发动机，仍然组装，也会通过其销售网络销售成车。但除了卖自己的汽车以外，通用汽车公司还希望成为一个汽车商和最终消费者购车代理人，为他们选购最适合的汽车，不管车子的制造商是谁。

丰田之道

虽然通用汽车公司仍然是当今世界上最大的汽车制造商，但在过去20年里，丰田公司才是最成功的汽车制造商。与通用汽车公司一样，丰田公司建立了一个世界性的集团。但与通用汽车公司不同的是，丰田公司紧紧围绕其在制造业方面的核心竞争力进行整个集团的运作。丰田已经放弃了零部件由多家供应商提供的局面，它最终的目标是，实现任何一种零部件的供应商最多不超过两家。这些供应商都是独立的地方公司，不过，这些公司的实际运营是由丰田公司控制的。除非它们同意接受丰田特别制造顾问组织的检查和建议，否则就不能接丰田公司的订单。丰田公司也要为这些供应商完成绝大部分的设计工作。

这并非别出心裁。西尔斯公司早在20世纪二三十年代就以同样的方式管理过供应商。虽然现在的英国玛莎百货公司困难重重，但过去的50年来它一直是世界上最成功的零售商，其领先诀窍也是靠着铁腕控制对供应商严加管理。据说，日本丰田公司最终打算把自己的制造咨询服务推销给汽车业以外的公司，并凭借自己在制造方面的核心竞争力成立一家独立的大型公司。

一家大型品牌消费品制造商正在尝试另一种做法。该公司约60%的产品，是通过150家左右的连锁零售商在发达国家销售。该公司计划创建一个网站，让世界各地的顾客直接在网上订购。顾客或者可以到离家最近的零售店取货，或者接受零售店上门送货。但是，真正具有创新意义的是，这家网站也订购其他厂商，特别是小公司生产的与本公司没有什么竞争关系的有包装有品牌的消费品，而这些小公司原先很难让自己的产品挤进已经"物满为患"的超市货架。这个跨国网站可以为它们提供直接接触消费者的窗口，而配送则由大型零售商完成。这家跨国公司及其零售商都可以挣得相当高的佣金，而自己却不必投入任何资金，不必冒任何风险，也不必为滞销货物浪费货架空间。

这样的方式还有很多"变种"：例如前面提到的美国承包制造商，他们现在为 6 家相互竞争的日本家电企业制造产品；一些独立的专业厂商为相互竞争的硬件制造商设计软件；还有独立的专业厂商为相互竞争的美国银行设计信用卡，很多时候也同时包办这些信用卡的销售和结算，而所有的银行只做一件事，就是融资。

这些方法虽然不同，却都还是以传统的公司作为出发点，但是也有一些完全放弃公司模式的新观念。其中一个例子就是欧盟一些相互不构成竞争关系的制造商正在尝试的"企业联合组织"：参与的每一家公司都是由企业主直接管理的中等规模的家族企业，也都是特定高技术领域的佼佼者。每家公司都极度依赖外销，都打算保持独立地位，也希望保有产品设计的主导权。它们也将继续保有自己的工厂和市场，产品也在这些市场中销售。但是在其他市场，尤其在新兴或不发达国家的市场中，则由"企业联合组织"代为安排产品的生产，生产不是安排在"企业联合组织"拥有的工厂里，就是被分包给当地的承包商。"企业联合组织"将负责把所有成员的产品和服务推广到所有市场。每个成员都持有该"企业联合组织"的一股，而企业联合组织也持有每家成员公司的一小部分股权。这听起来是不是很熟悉？没错，19 世纪的农村合作社就是采用这种模式。

高管层的未来

当公司走向联盟或"企业联合组织"之后，会更加需要独立、有效、负责的高管层，由高管层来负责整个组织的方向、规划、战略、价值观和原则，组织架构和组织各成员间的关系，组织联盟、合作伙伴和合资企业，以及组织的研发、设计和创新。高管层还必须负责管理所有组织都需要的两大资源：关键员工和资金。高管层对外代表公司，要处理好与政府、公众、媒体和工会的关系。

高管层的任务

下一个社会的公司高管层还有一项同样重要的任务，就是平衡公司的三个层面：公司作为经济的组织，公司作为人的组织以及公司作为日益重要的社会的组织。这也是在过去半个世纪里发展出来的三种公司模式。但是每一种模式都只强调其中的一个层面，否认另外的两个层面。德国"社会市场经济"模式把重点放在社会层面上；日本强调人的层面；美国的"股东主权"模式则重视经济层面。

这三种模式没有一个是完整的。德国模式虽然取得了经济成就和维护了社会稳定，但代价是居高不下的失业率和劳动力市场的僵化。日本模式成功运作了20年，但第一次碰到重大挑战就摇摇欲坠，而且实际上，它已经成为日本经济复苏的主要障碍。美国的股东主权也同样注定要失败，因为这种模式只有在风平浪静和经济繁荣时才能奏效。当然，一个企业只有在经济繁荣时，才能实现其人和社会的功能。但是现在既然知识工作者已经成为关键员工，那么一个公司要想成功，首先必须成为一个具有吸引力的雇主。

至关重要的是，这种获利至上的说法使"股东主权"的主张得以实现，也强调了公司的社会功能的重要性。20世纪六七十年代开始出现的那些提出股东主权的新股东，都不是"资本家"，他们是通过养老基金持有公司股份的员工。截至2000年，养老金和共同基金已经拥有美国大企业资产的大部分股权，这给予了股东要求短期回报的权力。但是基于退休后要有稳定收入的需求，股东也越来越重视这些投资的未来价值。因此，公司不仅要注意短期经营成果，也必须重视长期绩效，进而有能力提供退休福利。虽然这两者并不对立，但又有所不同，公司必须从中取得平衡。

过去一二十年里，大公司的管理模式已经完全改变，这也解释了为什么会出现像通用电气的杰克·韦尔奇、英特尔的安迪·格鲁夫或花旗银行的桑福德·威尔这样的"超级首席执行官"，但是组织不能指望永远能找到超人来运作，这种人才的供应既不可预知又太有限了。组织要想生存下去，只能倚仗那些有能力的人以认真的态度来经营。现在大公司需要奇才来做掌门人，只能说明高层管理陷入了危机。

不可能完成的任务

近年来，美国大企业首席执行官下台的速度也反映出同样的问题。在过去10年里，这些公司任命的首席执行官中有很大一部分，都在就任后一两年，就因经营失败而遭革职。可是，这些人当初被选中，也是因为他们过去业界公认的能力，每个人在过去的工作中都极为成功。这就说明他们接任的工作，已经变成不可能完成的任务，这不是人的问题，而是制度的问题。大公司里的高管层需要输入一个新概念。

这类概念的某些要素已经开始出现。例如，杰克·韦尔奇在通用电气公司组建了一个高层管理团队，其中包括公司的财务总监和人力资源总监,他们与首席执行官几乎可以平起平坐,而且都没有继任最高职位的可能。韦尔奇还给自己和他的团队布置了一项明确的优先任务,他们向员工公开宣布了这项任务,以便集中精力去完成。韦尔奇担任首席执行官的20年间,曾定出3项这类优先任务,每一种都耗去他5年多的时间,每一次他都把其他一切事务授权通用电气旗下各个企业的高管层去做。

瑞典和瑞士合资的大型跨国工程公司ABB采用的是另一种方法。2001年年初退休的首席执行官戈兰·林达尔,采用的做法比通用电气更进了一步。他让公司各单位成为独立的全球性企业,并选用非营运部门的人,建立起了一个强有力的高层管理团队。他也赋予自己一个新角色,即担任公司的"一人信息系统"。为了认识公司所有的高级主管,他不断地旅行,与他们沟通,倾听他们的意见,并让他们了解公司的最新动态。

一家大型金融服务公司尝试了另外一种方法:任命了6位而不是1位首席执行官。在6位首席执行官中,有5位是运营单位的最高主管,每个人也负责全公司某一个管理领域的工作,例如企业规划与战略或人力资源。公司的董事长对外代表公司,同时也直接负责获取、分配和管理资金。这6个人组成最高管理委员会,每周开两次碰头会。这种方式看上去运作顺利,不过,这只是因为5个运营单位的首席执行官不希望担任董事长,每个人都想留在运营单位里,就连这套系统的设计者,也就是该公司后来的董事长都怀疑,一旦他离职,该系统是否还能继续运作下去。

虽然方式不同,但上述这些公司的高层领导人试图做的都是同一件事——为自己的企业建立独特的性格，而这可能是未来社会的大公司高管层最重要的任务。在第二次世界大战后的半个世纪里，公司已经成功地证明了自己是一个经济组织，即财富和工作的创造者。在下一个社会中，大公司（尤其是跨国公司）面临的最大挑战将是其社会合法性：它的价值、使命和愿景。在下一个社会，公司的高层管理越来越等同于公司，至于其他的一切都可以外包出去。

公司会继续生存吗？会的，经过改造后的公司会继续生存下去。某种类似今天公司的组织，必须与下一个社会的经济资源相协调。从法律或财务的观点来看，下一个社会的公司仍与今天的公司相似，只是不会再有人人都可以采用的单一模式。未来将有多种模式可供公司选择，同样地，也会有多种高管层的模式可供选择。

未来之路

下一个社会尚未完全来临，但雏形已隐约可见，我们必须在以下几个方面考虑采取行动了。

未来的公司

企业，同时也包括大学等很多非企业组织，应该开始尝试新的组织形式，并进行一些实验性研究，尤其是在联盟、合伙与合资运作方面以及界定高管层的新结构和新任务方面进行实验。除此之外，跨国公司也需要新模式来适应地理环境和产品多样性，并在集权和分权之间取得平衡。

人力资源政策

各地人事管理方式几乎都还基于这样的假设:为企业工作的所有员工仍是由企业雇用的全职员工,直到他们被开除、离职、退休或死亡为止。可是如今在很多组织中,高达2/5的工作人员并非组织的员工,也不从事全职工作。

今天的人力资源经理仍然假设最理想、最便宜的员工是那些年轻员工,在美国尤其如此,那些年纪较大的员工,尤其是年纪较大的经理人和专业人士,都被迫提早退休,让位给那些较年轻的人,因为大家相信这些人的成本较低,或拥有更新的技术。这种人力资源政策的结果并不理想。一般而言,只要经过两年,新招聘的较年轻员工的平均工资水平,通常也会升至"老人"被赶走前一样的薪资水平。领取薪水的员工数目增加的速度,看起来至少与产量或销售量增加的速度同步,这表示,新雇员工的生产力并未超过老员工。在某些情况下,人口结构将会使目前的人力资源政策不攻自破,并付出高昂代价。

人力资源政策第一个需要解决的问题,是要管理所有为企业工作的员工,无论这些员工是否由企业雇用。毕竟,他们每个人的绩效对公司都很重要。不过迄今为止,似乎还没有人就这个问题提出令人满意的解决之道。第二,企业必须吸引、维系并激发已届正式退休年龄、成为企业的独立外部承包人或者不能成为全职员工的人员,使他们能发挥生产力。例如,对于那些拥有很高技术、受过高等教育、年龄较大的人员或许不必让他们退休,而是为他们提供另一种选择,来延续双方的关系,把他们变成长期的"企业内部的外围人员",保留他们的技术和知识为企业所用，另外，让他们拥有其希望拥有的弹性和自由。

这种模式其实已有先例可循，但它不是出自企业界，而是出自学术界。学术界有所谓的名誉教授，他们已经退休也不再支领薪水，但是他们可以随心所欲地教学，也只拿教学工作的薪水。很多名誉教授已经完全退休，但其中可能有高达一半的人，继续以兼职的方式教学，也有很多人继续做专职的研究。企业界的高级专业人士也可以适用类似的安排。美国某家大公司正在尝试为法律和税务部门、研发部门以及幕僚部门年纪较大的高阶人员，安排这类做法，但是对销售、制造等运营部门的人员，则可能需要不同的方式。

外界信息

也许，令人吃惊的是，有调查报告说，信息革命让管理层变得比以前更孤陋寡闻了。如今的管理层拥有更多的数据，但是，大多数信息是由信息技术部门提供的，都是很容易获取的公司内部信息。正如这篇调查报告显示的，今天影响一个机构的最重要的变化，可能是外界的变化，但现有的公司信息系统通常对这类变化一无所知。

造成这种现象的原因是，从前和外界有关的信息很少以电脑信息形式呈现出来。这些信息未经过编码，通常也没有量化，这也是为什么信息技术人员及其所服务的公司管理者通常会鄙视与外界有关的信息，轻蔑地将其称为"趣闻"的原因。此外，有太多管理者都误以为他们认识了一辈子的那个社会，是永远不会改变的。

如今外界信息已经可以从互联网上获得，尽管这些信息仍旧杂乱无章，但管理层现在可以自问："我需要什么外界信息？"并以此作为起点，研发出能收集外界相关信息的信息系统。

变革的领导者

为了继续生存和成功，每个组织都必须成为变革的领导者。要成功地引领变化，最有效的方法就是创造变化。经验表明，把创新移植到传统企业中是行不通的，企业自身要成为变革的领导者：必须有组织地抛弃那些已被证明不成功的东西；必须在企业内有组织地不断改进每一种产品、服务和流程（日本人称之为"改善"）；必须善用成功，尤其是意外的成功；还必须有系统的创新。要成为变革的领导者，首先要改变整个组织的心态，让大家不再将变化视为威胁，而视为机会。

拭目以待

以上所讲的就是对于那些可以预测到的未来社会变化，我们需要做好的准备。那么，我们又该如何应对那些预料以外的未来趋势和事件呢？其实，可以肯定的一点是：未来根本无法预测的，未来的变化一定会出乎我们的意料之外。

以信息革命为例，几乎所有人都相信两件事：第一，信息革命正以前所未有的速度发展；第二，信息革命的影响比以往任何事情都要深远。其实，这两点都错了！就速度和影响力而言，信息革命和过去200年间的两次革命有惊人的相似之处：一次是18世纪末和19世纪初的第一次工业革命，另一次就是19世纪末的第二次工业革命。

18 世纪 70 年代中期，瓦特改良蒸汽机，促成了第一次工业革命，并深深触发了西方世界的创造灵感，但是，它并没有立刻带来社会和经济的剧变，直至 1829 年，铁路以及其后 10 年发明的邮政服务和电报才带来很多变化。同样，20 世纪 40 年代中期发明的电脑，在信息革命中，有着与蒸汽机在第一次工业革命中相同的地位，虽然激发了人类的创造灵感，但是没有带来相应的变化，直至 40 年后，即 20 世纪 90 年代互联网开始广泛使用以后，信息革命才开始带来重大的经济和社会变化。

同样，今天，贫富差距加大以及诸如微软比尔·盖茨之类的"超级富豪"的出现，让很多人感到惊恐不安。事实上，贫富差距莫名其妙地突然加大和"超级富豪"的出现，在两次工业革命中也同样出现过。如果我们将那个时代和那个国家的平均收入和财富，与今天美国的平均收入和财富相比的话，就会发现当年的超级富豪远远比盖茨更加富有。

这些令人吃惊的相似之处如此之多，也足以让我们相信：和工业革命的早期一样，信息革命对未来社会的真正影响还要拭目以待。第一次和第二次工业革命以后的数十年，是人类自 16 世纪以来，在新机构和新理论的创建上最具创新性，也是最多产的时期。第一次工业革命把工厂变成了核心生产组织和财富的主要创造者。工人逐渐成为继 1000 多年前身穿盔甲的骑士出现以来，社会上首度出现的新阶级。1810 年后，罗斯柴尔德家族崛起并成为世界主要的金融力量，它不仅是第一家投资银行，也是继 15 世纪汉萨同盟（Hanseatic League）和美第奇家族（Medici）以后的首家跨国公司。第一次工业革命还带来了包括知识产权、商行、有限责任、同业工会、合作社、科技大学和日报等很多其他产物。而第二次工业革命则创造了现代公务员和现代公司、商业银行、商学院以及妇女可以在家庭之外从事的第一份非仆役性工作。

两次工业革命也孕育了新的理论和新的意识形态。《共产党宣言》就是对第一次工业革命的回应；俾斯麦的福利国家、英国的基督徒社会主义和费边主义以及美国对企业的管制等，这些塑造20世纪民主制度的政治理论，都是对第二次工业革命的回应；而1881年泰勒的"科学管理"以及随之而来的生产力飞速增长，也是如此。

伟大的观念

继信息革命之后，我们再一次目睹了新机构和新理论的诞生，也就是诸如欧盟、北美自由贸易协定和倡议中的美洲自由贸易区等新经济区域的出现。它们既不是传统的自由贸易，也不是传统的保护主义产物。它们都在尝试在传统自由贸易和保护主义之间，以及在民族国家经济主权和超越国家的经济决策权之间寻求新的平衡点。同样，如今主宰世界金融的花旗集团、高盛公司或荷兰ING霸菱银行其实也没有什么先例。这些公司已经不是从前的多国公司，而是真正的跨国公司。它们经手的资金，几乎完全不受任何国家的政府或中央银行的控制。

于是，大家对研究熊彼特的经济理论越来越感兴趣：包括"经济唯一稳定的状态是'动态不均衡'"；"创新者从事的'创造性破坏'是经济驱动力"；"新科技即使不是经济变化的唯一动力，也是经济变化的主要动力"。而相比早期的经济理论，将均衡视为经济健康的基础，而货币与财政政策才是现代经济和科技的外在动力，显然，熊彼特的理论与早期基于均衡观点的经济理论是背道而驰的。

所有一切都表明，最重大的变化还没有出现，2030年的社会与今天的社会一定大不相同，与当今最受欢迎的未来学家所预测的样子也相去甚远。它不会被信息技术所支配或塑造。当然，信息技术非常重要，但它只是众多重要新科技的一种。和过去各时期的社会一样，下一个社会的主要特征将是新机构、新理论、新意识形态和新问题。

[2001]

致　　谢

　　我总是预先以杂志文章或专访的形式，把即将出版的书籍中的部分章节发表出来。这样一来，我的文章总能得到杂志编辑以及栏目采访人的专业编辑。这种高品质和富有见地的"反馈"，是我用其他方式得不到的。只是这样，会留下一个小小的缺憾，就是每篇文章的数字和资料，都是杂志发表前当年的统计数据，而不是本书出版时的最新统计数据。但是，要更新这些数据又会带来很多困扰，而这些数据所要说明的问题趋势并没有改变。因此，如我前言中所言，我和出版商都认为不必更新这些数字和资料，而是在书籍出版时，于各章后都注明文章第一次发表的年份。这样，读者也有机会来检验我对情势发展的判断是否准确。所以，我和出版商都决定对书中的内容不做任何修改，只是更正排版上的某些拼写错误；另外，改变了某些章名，主要是将从前杂志社编辑选择的章名，改回我原定的章名，除此以外，每一章都完好地保留着我最先写好时的原貌。读者在本书中，特别是在第四部分中，可以看到我最新的数据来自 2000 年和 2001 年。

　　本书中超过 1/5 的内容最先刊登在《经济学人》杂志上，即第 4 章"电子商务是最重大的挑战"，刊载于 2000 年《经济学人》杂志年鉴上；

第 9 章 "金融服务：不创新就灭亡"，刊载于 1999 年的《经济学人》杂志中；本书的最后一部分，第 15 章 "下一个社会"，则刊载于 2001 年秋末的《经济学人》调查报告中。有四章曾以专访的形式发表：第 2 章 "互联网引爆的世界"，刊载于 2001 年的《红鲱鱼》杂志中；第 5 章 "新经济还未出现"，刊载于 2000 年的 Business 2.0 杂志中；第 7 章 "创业者与创新"，刊载于 Inc. 杂志中；第 10 章 "超越资本主义" 刊载于 1998 年的《新观察季刊》中。另外，第 12 章 "全球化经济与民族国家" 和第 13 章 "社会优先"，分别刊载于 1997 年和 1998 年的《外交事务》杂志中；还有第 6 章 "新千年的首席执行官"，刊载于《观点》杂志中；第 3 章 "从电脑普及到信息普及"，发表于 1998 年的《福布斯 ASAP》（Forbes/ASAP）杂志中；第 14 章 "城市的文明进程"，发表在《企业领导与非营利领导》（Leader to Leader）一书中；第 11 章 "伟大机构的崛起"，在 1999 年《华尔街日报》中刊载；第 8 章 "他们是人，不是雇员"，在《哈佛商业评论》中刊出。我想在此表达对这些杂志的编辑以及对这四位专栏采访人的感激之情，感谢他们对文章提出的问题、批评、指正以及建议。

另外，我由衷感谢为我长期出版书籍的 Truman Talley Books 的杜鲁门·塔利先生。本书能够出版，完全要归功于他的鼎力支持。正是在他的指引和建议下，我选择了本书的题目并定下了本书最终的结构。在此，我和我的读者都对他感激不尽。

彼得·德鲁克全集

序号	书名	要点提示
1	工业人的未来 The Future of Industrial Man	工业社会三部曲之一，帮助读者理解工业社会的基本单元——企业及其管理的全貌
2	公司的概念 Concept of the Corporation	工业社会三部曲之一，揭示组织如何运行，它所面临的挑战、问题和遵循的基本原理
3	新社会 The New Society：The Anatomy of Industrial Order	工业社会三部曲之一，堪称一部预言，书中揭示的趋势在短短10几年基本变成了现实，体现了德鲁克在管理、社会、政治、历史和心理方面的高度智慧
4	管理的实践 The Practice of Management	德鲁克因为这本书开创了管理"学科"，奠定了现代管理学之父的地位
5	已经发生的未来 Landmarks of Tomorrow：A Report on the New "Post-Modern" World	论述了"后现代"新世界的思想转变，阐述了世界面临的四个现实性挑战，关注人类存在的精神实质
6	为成果而管理 Managing for Results	探讨企业为创造经济绩效和经济成果，必须完成的经济任务
7	卓有成效的管理者 The Effective Executive	彼得·德鲁克最为畅销的一本书，谈个人管理，包含了目标管理与时间管理等决定个人是否能卓有成效的关键问题
8 ☆	不连续的时代 The Age of Discontinuity	应对社会巨变的行动纲领，德鲁克洞察未来的巅峰之作
9 ☆	面向未来的管理者 Preparing Tomorrow's Business Leaders Today	德鲁克编辑的文集，探讨商业系统和商学院五十年的结构变化，以及成为未来的商业领袖需要做哪些准备
10 ☆	技术与管理 Technology, Management and Society	从技术及其历史说起，探讨从事工作之人的问题，旨在启发人们如何努力使自己变得卓有成效
11 ☆	人与商业 Men, Ideas, and Politics	侧重商业与社会，把握根本性的商业变革、思想与行为之间的关系，在结构复杂的组织中发挥领导力
12	管理：使命、责任、实践（实践篇） Management:Tasks,Responsibilities,Practices	
13	管理：使命、责任、实践（使命篇） Management:Tasks,Responsibilities,Practices	为管理者提供一套指引管理者实践的条理化"认知体系"
14	管理：使命、责任、实践（责任篇） Management:Tasks,Responsibilities,Practices	
15	养老金革命 The Pension Fund Revolution	探讨人口老龄化社会下，养老金革命给美国经济带来的影响
16	人与绩效：德鲁克论管理精华 People and Performance: The Best of Peter Drucker on Management	广义文化背景中，管理复杂而又不断变化的维度与任务，提出了诸多开创性意见
17 ☆	认识管理 An Introductory View of Management	德鲁克写给步入管理殿堂者的通识入门书
18	德鲁克经典管理案例解析（纪念版） Management Cases(Revised Edition)	提出管理中10个经典场景，将管理原理应用于实践

彼得·德鲁克全集

序号	书名	要点提示
19	旁观者：管理大师德鲁克回忆录 Adventures of a Bystander	德鲁克回忆录
20	动荡时代的管理 Managing in Turbulent Times	在动荡的商业环境中，高管理层、中级管理层和一线主管应该做什么
21 ☆	迈向经济新纪元 Toward the Next Economics and Other Essays	社会动态变化及其对企业等组织机构的影响
22 ☆	时代变局中的管理者 The Changing World of the Executive	管理者的角色内涵的变化、他们的任务和使命、面临的问题和机遇以及他们的发展趋势
23	最后的完美世界 The Last of All Possible Worlds	德鲁克生平仅著两部小说之一
24	行善的诱惑 The Temptation to Do Good	德鲁克生平仅著两部小说之一
25	创新与企业家精神 Innovation and Entrepreneurship:Practice and Principles	探讨创新的原则，使创新成为提升绩效的利器
26	管理前沿 The Frontiers of Management	德鲁克对未来企业成功经营策略和方法的预测
27	管理新现实 The New Realities	理解世界政治、政府、经济、信息技术和商业的必读之作
28	非营利组织的管理 Managing the Non-Profit Organization	探讨非营利组织如何实现社会价值
29	管理未来 Managing for the Future:The 1990s and Beyond	解决经理人身边的经济、人、管理、组织等企业内外的具体问题
30 ☆	生态愿景 The Ecological Vision	对个人与社会关系的探讨，对经济、技术、艺术的审视等
31 ☆	知识社会 Post-Capitalist Society	探索与分析了我们如何从一个基于资本、土地和劳动力的社会，转向一个以知识作为主要资源、以组织作为核心结构的社会
32	巨变时代的管理 Managing in a Time of Great Change	德鲁克探讨变革时代的管理与管理者、组织面临的变革与挑战、世界区域经济的力量和趋势分析、政府及社会管理的洞见
33	德鲁克看中国与日本：德鲁克对话"日本商业圣手"中内功 Drucker on Asia	明确指出了自由市场和自由企业，中日两国等所面临的挑战，个人、企业的应对方法
34	德鲁克论管理 Peter Drucker on the Profession of Management	德鲁克发表于《哈佛商业评论》的文章精心编纂，聚焦管理问题的"答案之书"
35	21世纪的管理挑战 Management Challenges for the 21st Century	德鲁克从6大方面深刻分析管理者和知识工作者个人正面临的挑战
36	德鲁克管理思想精要 The Essential Drucker	从德鲁克60年管理工作经历和作品中精心挑选、编写而成，德鲁克管理思想的精髓
37	下一个社会的管理 Managing in the Next Society	探讨管理者如何利用这些人口因素与信息革命的巨变，知识工作者的崛起等变化，将之转变成企业的机会
38	功能社会：德鲁克自选集 A Functioning society	汇集了德鲁克在社区、社会和政治结构领域的观点
39 ☆	德鲁克演讲实录 The Drucker Lectures	德鲁克60年经典演讲集锦，感悟大师思想的发展历程
40	管理（原书修订版） Management(Revised Edition)	融入了德鲁克于1974~2005年间有关管理的著述
41	卓有成效管理者的实践（纪念版） The Effective Executive in Action	一本教你做正确的事，继而实现卓有成效的日志笔记本式作品

注：序号有标记的书是新增引进翻译出版的作品